*Pensamentos desordenados sobre
o amor de Deus*

Dados Internacionais de Catalogação na Publicação (CIP)
(Câmara Brasileira do Livro, SP, Brasil)

Weil, Simone, 1909-1943
  Pensamentos desordenados sobre o amor de Deus /
Simone Weil ; tradução de Karin Andrea de Guise. –
Petrópolis, RJ : Vozes, 2020. – (Série Clássicos da Espiritualidade)
  Título original: Pensées sans ordre concernant
l'amour de Dieu
  Bibliografia.

  1ª reimpressão, 2023.

  ISBN 978-85-326-6364-1
  1. Deus (Cristianismo) – Adoração e amor
2. Problema do mal 3. Vida espiritual – Cristianismo
I. Título. II. Série.

19-31123   CDD-231.6

Índices para catálogo sistemático:
1. Amor de Deus : Cristianismo   231.6

Maria Paula C. Riyuzo – Bibliotecária – CRB-8/7639

Simone Weil

Pensamentos desordenados sobre o amor de Deus

Tradução de Karin Andrea de Guise

EDITORA
VOZES

Petrópolis

Título do original em francês: *Pensées sans ordre concernant l'amour de Dieu*
Tradução do original francês publicado em Paris pelas Éditions Gallimard, 1962, 159 pp. Collection: Espoir.

© desta tradução:
2020, Editora Vozes Ltda.
Rua Frei Luís, 100
25689-900 Petrópolis, RJ
Brasil

Todos os direitos reservados. Nenhuma parte desta obra poderá ser reproduzida ou transmitida por qualquer forma e/ou quaisquer meios (eletrônico ou mecânico, incluindo fotocópia e gravação) ou arquivada em qualquer sistema ou banco de dados sem permissão escrita da editora.

CONSELHO EDITORIAL

Diretor
Volney J. Berkenbrock

Editores
Aline dos Santos Carneiro
Edrian Josué Pasini
Marilac Loraine Oleniki
Welder Lancieri Marchini

Conselheiros
Elói Dionísio Piva
Francisco Morás
Gilberto Gonçalves Garcia
Ludovico Garmus
Teobaldo Heidemann

Secretário executivo
Leonardo A.R.T. dos Santos

Editoração: Ana Lucia Q.M. Carvalho
Diagramação: Sheilandre Desenv. Gráfico
Revisão gráfica: Jaqueline Moreira
Capa: Editora Vozes
Ilustração de capa: Lúcio Américo de Oliveira

ISBN 978-85-326-6364-1

Este livro foi composto e impresso pela Editora Vozes Ltda.

Sumário

Prefácio, 7

I – A porta, 11

II – Pensamentos desordenados sobre o amor de Deus, 13

III – O cristianismo e a vida nos campos, 19

IV – Reflexões desordenadas sobre o amor de Deus, 31

V – Israel e os gentios, 41

VI – Carta a Déodat Roché, 55

VII – Questionário, 59

VIII – Carta a Joë Bousquet, 61

IX – O amor de Deus e o infortúnio, 71

X – Páginas reencontradas dando sequência ao amor de Deus e ao infortúnio, 89

XI – Fragmento de uma carta a Maurice Schumann que acompanhava essa "Teoria dos Sacramentos", 111

XII – Teoria dos Sacramentos, 113

XIII – Último texto, 123

Prefácio

A filósofa Simone Weil (1909-1943), mística moderna, pauta muitas de suas reflexões no conflito entre acolher ou não o batismo cristão. Para dar resposta aos seus anseios busca, como é comum aos místicos, o sentido da vida cristã. Muitos de seus argumentos são explicitados nas cartas compiladas na obra *Pensamentos desordenados sobre o amor de Deus*. Outros estão nas escritas ao Padre Perrin, organizadas na obra *Espera de Deus* (Vozes, 2019). Mesmo sendo filósofa e dialogando constantemente com a tradição filosófica, Simone Weil escreve cartas e ensaios a partir de anseios místicos.

Como muitos textos são, originalmente, cartas, não tinham títulos, que foram atribuídos posteriormente por quem organizou. Exemplo disso é o da obra *Carta a um religioso* (Vozes, 2016), que traz uma das cartas escritas por Weil. O título diz respeito ao que o texto traz, uma carta a um religioso. Os textos se consolidaram no cenário literário com os títulos atribuídos nas primeiras publicações em francês.

A edição francesa de *Pensamentos desordenados sobre o amor de* Deus, que foi tomada como base em nossa tradução para o Brasil, traz, logo no início, o poema "A porta", que buscamos traduzir da maneira mais literal possível, mesmo que para tanto perdêssemos a qualidade das rimas e métrica. De alguma forma o poema, logo no início da coletânea de textos, sinaliza-nos para sua natureza mais mística. Os textos mostram alguém buscando sentido para a fé, o que é próprio da experiência mística.

O primeiro conjunto de textos foi escrito provavelmente entre outubro de 1940 e março de 1942 na cidade de Marselha. Os textos "Pensamentos desordenados sobre o amor de Deus", "O cristianismo e a vida nos campos", "Reflexões desordenadas sobre o amor de Deus" e "Israel e os gentios" foram encontrados entre os manuscritos da autora. Os textos não formam uma obra orgânica, o que de forma alguma desmerece a profundidade das reflexões propostas por Weil. Tratam-se de reflexões, muitas vezes pessoais, sobre a possibilidade de abraçar a fé cristã pelo batismo.

Segundo a versão francesa que tomamos por base, a "Carta a Déodat Roché" foi equivocadamente datada pela própria Simone Weil como escrita em 23 de janeiro de 1940, mas na verdade teria sido escrita em 23 de janeiro de 1941, em Marselha.

O "Questionário" é uma carta enviada a Dom Clément, beneditino consultado por Weil sobre problemas religiosos durante a Semana Santa de 1942. A "Carta a Joë Bousquet" é um terceiro texto enviado a ele, entre abril e maio de 1942, e que foi publicado em *Cahiers du Sud* (n. 304, 1950). "Teoria dos Sacramentos" é um texto escrito em Londres, em 1943, enviado por Simone Weil a Maurice Schumam, publicado na França em 1958.

A coletânea de textos ainda inclui "O amor de Deus e o infortúnio", encontrado entre os manuscritos de Simone Weil. Trata-se de uma sequência das cartas escritas ao Padre Perrin, compiladas na obra *Espera de Deus* (Vozes, 2019).

O "Último texto" é um manuscrito encontrado posteriormente pelos dominicanos Florent e Le Baut. O primeiro padre havia recebido o texto entre o final de 1944 e início de 1945, de uma jovem cujo nome ele havia esquecido. Padre Florent julgou que o texto era de extremo interesse, e conservou, apesar da falta de contato com a jovem. Mais tarde, em conversa com o Padre Le Baut, comparando a caligrafia e estilo literário, eles chegaram à conclusão de que os escritos eram de Simone Weil.

A vida de Simone Weil é marcada pela singularidade de quem busca viver autenticamente as inspirações cristãs. Por isso mesmo podemos entendê-la como uma mística moderna, marcada pela subjetividade, pela firmeza e pela racionalidade em diálogo com as experiências místicas.

Welder Lancieri Marchini
Editor teológico Vozes

I
A porta

> Este mundo é a porta fechada. É uma barreira, e ao mesmo tempo é a passagem.
> Simone Weil. *Cadernos*, t. III, p. 121.

Abram-nos, então, a porta e veremos os pomares,
Nós beberemos sua água fria onde a lua deixou seu rastro.
O longo caminho queima, inimigo dos estrangeiros.
Nós andamos a esmo sem saber e não encontramos lugar algum.

Queremos ver as flores. Aqui a sede se abate sobre nós. Aguardando e sofrendo, eis que nos encontramos diante da porta.
Se for preciso, quebraremos essa porta com nossos golpes.
Pressionamos e empurramos, mas a barreira é forte demais.

É preciso definhar, aguardar e olhar de maneira vã.
Olhamos a porta; ela está fechada, inabalável.
Fixamos nela nosso olhar; choramos sob a tormenta;
Continuamos a vê-la; o peso do tempo nos faz esmorecer.

A porta está diante de nós; de que nos serve querer?
É melhor partirmos, abandonando a esperança.
Jamais entraremos. Estamos cansados de vê-la...
A porta, ao abrir-se, deixou passar tanto silêncio.

Que nem os pomares apareceram, nem flor alguma;
Apenas o espaço imenso onde estão o vazio e a luz
Tornou-se repentinamente presente, de lado a lado,
　　enchendo o coração,
E lavou os olhos quase cegos sob a poeira.

II
Pensamentos desordenados sobre o amor de Deus

Não depende de nós acreditar em Deus; só o que depende de nós é não dar nosso amor a falsos deuses. Primeiramente, não acreditar que o futuro seja o lugar do bem capaz de nos completar. O futuro é feito da mesma substância que o presente. Sabemos que aquilo que fizemos de bom, riqueza, poder, consideração, conhecimentos, amor daqueles que amamos, prosperidade daqueles que amamos e assim por diante, não bastam para nos satisfazer. Acreditamos porque mentimos para nós mesmos. Pois se realmente pensarmos nisso durante alguns instantes, saberemos que é falso. Ou ainda, se estivermos sofrendo devido a uma doença, miséria ou infortúnio, acreditamos que o dia em que esse sofrimento passar, estaremos satisfeitos. Também sabemos que isso é falso; a partir do momento em que nos habituarmos à suspensão do sofrimento, vamos querer outra coisa. Segundo, não confundir a necessidade com o bem. Há um certo número de coisas que acreditamos precisar ter para vivermos. Frequentemente isso é falso, pois sobreviveríamos à sua perda. Mas, mesmo que isso seja verdadeiro, se a sua perda pode matar ou no mínimo destruir a energia vital, nem por isso ela é um bem. Pois ninguém fica muito tempo satisfeito por poder pura e simplesmente viver. Sempre queremos outra coisa. Queremos viver para alguma coisa. Basta não mentirmos para nós mesmos para sabermos que não há nada aqui embaixo pelo qual poderíamos viver.

Basta imaginarmos todos nossos desejos satisfeitos. Ao final de algum tempo, estaremos insatisfeitos. Gostaríamos de outra coisa, e estaríamos infelizes por não sabermos o que querer.

Depende de cada um manter a atenção fixada sobre essa verdade.

Por exemplo, os revolucionários; se eles não mentissem para si mesmos, saberiam que a realização da revolução lhes traria infelicidade, porque nesse momento eles perderiam sua razão de viver. O mesmo vale para todos os desejos.

A vida como ela é só é suportável aos seres humanos graças à mentira. Aqueles que recusam a mentira e preferem saber que a vida é intolerável, sem por isso revoltar-se contra o destino, acabam por receber de fora, de um lugar situado fora do tempo, algo que permita aceitar a vida como ela é.

Todos sentem o mal, tem horror a isso e gostariam de se libertar. O mal não é nem o sofrimento nem o pecado; é um e outro ao mesmo tempo, algo de comum a um e outro, pois eles estão ligados; o pecado faz sofrer e o sofrimento nos torna maus, e essa mistura indissolúvel de sofrimento e pecado é o mal onde estamos, apesar de nós, e sentimos horror por ali nos encontrarmos.

Transferimos uma parte do mal que está em nós aos objetos da nossa atenção e do nosso desejo. E eles no-lo devolvem como se esse mal viesse deles. É por essa razão que sentimos ódio e nojo dos lugares onde nos sentimos submersos pelo mal. Temos a impressão de que esses lugares nos aprisionam no mal. É dessa maneira que os doentes acabam por odiar seu quarto e o ambiente que os cerca, mesmo que esse ambiente seja composto por seres amados, e que os operários acabam por vezes odiando a fábrica em que trabalham, e assim em diante.

Mas se, pela atenção e o desejo, nós transferirmos uma parte do nosso mal sobre uma coisa perfeitamente pura, ela não poderá ser maculada; ela permanecerá pura; ela não nos devolverá este mal. Dessa maneira nos libertaremos.

Somos seres finitos; o mal que existe em nós também é finito; assim, caso a vida humana durasse tempo suficiente, nós poderíamos ter completamente certeza de que, desse modo, um dia acabaríamos, mesmo estando neste mundo, nos libertando de todo mal.

As palavras que compõem o *Pater* são perfeitamente puras. Se recitarmos o *Pater* sem nenhuma outra intenção além de oferecer a essas mesmas palavras a plenitude da atenção da qual somos capazes, teremos certeza de que, dessa maneira, nos libertaremos de uma parte, não importa quão pequena, do mal que carregamos em nós. O mesmo acontecerá se observarmos o Santo Sacramento sem nenhum outro pensamento além do de que o Cristo está ali; e assim por diante.

Aqui embaixo a pureza só existe nos objetos e nos textos sagrados; na natureza, se observarmos sua beleza por ela mesma, e não para ali alojarmos nossos sonhos; e, em grau menor, nos seres humanos, nos quais Deus habita, e nas obras de arte oriundas da inspiração divina.

O que é perfeitamente puro não pode ser outra coisa senão Deus presente aqui embaixo. Se fosse outra coisa além de Deus, não seria puro. Se Deus não estivesse presente, jamais poderíamos ser salvos. Na alma onde foi produzido tal contato com a pureza, todo o horror ao mal que ela carrega em si transmuta-se em amor através da pureza divina. É dessa forma que Maria Madalena e o bom ladrão foram privilegiados pelo amor.

O único obstáculo a esta transmutação do horror em amor é o amor-próprio, que torna dolorosa a operação pela qual colocamos nossa imundície em contato com a pureza. Só poderemos triunfar se tivermos uma espécie de indiferença para com a nossa própria sujeira, se formos capazes de ser felizes, sem nos voltarmos sobre nós mesmos, diante do pensamento de que existe algo que seja puro.

O contato com a pureza produz uma transformação do mal. A mistura indissolúvel de sofrimento e pecado só pode ser dissolvida pela pureza. Através deste contato, pouco a pouco o sofrimento deixa de estar misturado ao pecado; por outro lado, o pecado transforma-se em simples sofrimento. Essa operação sobrenatural é o que chamamos de arrependimento. O mal que carregamos em nós é, de certa maneira, iluminado pela alegria.

Bastou que um ser perfeitamente puro se encontrasse presente na terra para que Ele fosse o cordeiro divino que tira o pecado do mundo, e para que a maior parte possível do mal difuso à sua volta se concentrasse sobre Ele sob forma de sofrimento.

Ele deixou como lembrança de si as coisas perfeitamente puras; ou seja, ali onde Ele se encontra presente as coisas são puras; pois de outro modo a pureza se esgotaria por estar em contato com o mal.

Mas não estamos continuamente nas igrejas e é especialmente desejável que essa operação sobrenatural da transferência do mal para fora de nós possa se realizar em lugares da vida quotidiana, particularmente nos lugares de trabalho.

Isso só é possível através de um simbolismo que permita ler as verdades divinas nas circunstâncias da vida quotidiana e do trabalho, assim como lemos nas letras das frases escritas que as expressam. Para isso é preciso que os símbolos não sejam arbitrários, mas que eles se encontrem por escrito, pelo efeito de uma disposição providencial, na própria natureza das coisas. As parábolas do Evangelho são um exemplo desse simbolismo.

De fato, há uma analogia entre as relações mecânicas que constituem a ordem do mundo sensível e as verdades divinas. O peso que governa inteiramente sobre a terra os movimentos da matéria é a imagem do apego carnal que governa as tendências da nossa alma. O único poder capaz de vencer o peso é a energia solar. É essa energia que desce sobre a terra, nas plantas e é recebida por elas que lhes permite crescer verticalmente de baixo para cima. Ao serem comidas, essa energia penetra nos animais e em nós; é ela quem nos permite ficar de pé e levantar as cargas. Todas as fontes de energia mecânica, cursos de água, óleo e muito provavelmente petróleo, também vêm dela; é o sol que faz os motores girarem, que ergue nossos aviões, assim como é ele que ergue os pássaros. Não podemos ir buscar essa energia solar, podemos apenas recebê-la. É ela que desce. Ela entra nas plantas, ela está com o grão enterrado sob a terra, nas trevas, e é ali que ela tem a plenitude da fecundidade e suscita o movimento de baixo para cima que faz brotar o trigo ou a árvore. Mesmo em uma árvore morta ou em um poste, ainda é ela quem mantém a linha vertical; com ela nós construímos nossas moradas. Ela é a imagem da graça, que desce para ser enterrada nas trevas das nossas almas más e ali constitui a única fonte de energia que faz contrapeso ao peso moral, à tendência ao mal.

O trabalho do lavrador não consiste em ir buscar a energia solar, sequer em captá-la, mas em tudo transformar, de modo que as plantas capazes de captá-la e transmiti-la a nós, possam recebê-la nas melhores condições possíveis. O esforço que ele fornece nesse trabalho não vem dele, mas da energia que o alimento colocou nele, ou seja, essa mesma energia solar contida nas plantas e na carne dos animais alimentados por plantas. Da mesma maneira, não podemos fazer outro esforço em direção ao bem além de predispor nossa alma a receber a graça; a energia necessária a esse esforço nos é fornecida pela graça.

Um lavrador é perpetuamente uma espécie de ator que representa um papel em um drama sagrado onde ele apresenta as relações entre Deus e a criação.

Não apenas a fonte de energia solar é inacessível ao homem, mas também o poder que transforma essa energia em alimento. A ciência moderna vê a substância vegetal que chamamos de clorofila como sendo a sede desse poder; a Antiguidade chamava de seiva, ao invés de clorofila, o que dá no mesmo. Assim como o sol é a imagem de Deus, da mesma maneira a seiva vegetal que capta a energia solar, que faz crescer eretas as plantas e as árvores contra o peso, que se oferece a nós para ser triturada e destruída e assim sustentar nossa vida, essa seiva é uma imagem do Filho, do Mediador. Todo o trabalho do lavrador consiste em servir a essa imagem.

É preciso que uma tal poesia envolva o trabalho dos campos com uma luz de eternidade. De outro modo, o trabalho será de uma monotonia que conduzirá facilmente à brutalização, ao desespero ou à busca de satisfações cada vez mais grosseiras; pois a falta de objetivo, que é o infortúnio de toda condição humana, mostra-se visível demais. O homem se esgota de trabalhar para comer, ele come para ter força para trabalhar e, após um ano de esforço, tudo está exatamente como no ponto de partida. Ele trabalha em círculos. A monotonia só é suportável ao ser humano graças à iluminação divina. Mas, por essa mesma razão, uma vida monótona é bem mais favorável à salvação.

III
O cristianismo e a vida nos campos

Uma cidade cristã é uma cidade onde se vai à missa aos domingos e onde não deixamos que as crianças blasfemem.

Nos dias de hoje, o tédio é a lepra moral que corrói os campos (aliás, as cidades também). Os camponeses tentam remediar essa situação concentrando sua atenção no acúmulo de moedas (é preciso que eles tenham a possibilidade de acumulá-las), ou pela busca febril de prazer aos domingos.

Para alojar em algumas horas uma excitação de prazer tão intensa que permita atravessar o deserto de seis dias do tédio, é quase indispensável recorrer ao álcool e aos excessos.

Dizem que o trabalho é uma oração. É fácil dizer. Mas, na verdade, só é fácil dizer diante de certas condições raramente realizadas.

Apenas as associações de ideias convenientes, enterradas no centro do espírito por emoções intensas, que permitem ao pensamento meditar sobre Deus sem palavras, mesmo interiores, através dos gestos do trabalho.

Seria tarefa da Igreja suscitar essas emoções e forjar as associações. Mas ela não o faz.

Cristo teve motivos para dar a uma grande parte do seu ensinamento um aspecto tão claramente agrícola. Mas não pensamos nisso. Ele poderia ter se abstido de usar essas parábolas, devido ao uso que fazemos delas.

A maior parte dessas parábolas agrícolas não figura na liturgia de domingo. Essa liturgia não tem vínculos com a sucessão das estações do ano. O elemento cósmico está tão ausente do cristianismo da maneira como ele é atualmente praticado, que poderíamos esquecer que o universo foi criado por Deus. Ora, o camponês só consegue entrar em contato com Deus por meio do universo.

Recentemente, o J.A.C.[1] e a "missa dos camponeses", composta em francês com base em melodias gregorianas, são tentativas excelentes para fazer com que o cristianismo entre mais profundamente na vida camponesa. Mas não é o suficiente.

Duas reformas seriam fáceis de se realizar.

Os curas dos vilarejos deveriam ler durante a missa, após o Evangelho, imposto pela liturgia, e comentar em seus sermões um trecho do Evangelho que tenha relação com os trabalhos que estivessem sendo feitos naquele momento, todas as vezes em que tal consonância for possível, e pedir aos camponeses para pensar nisso enquanto trabalham.

Assim, na época da semeadura, a Parábola do Semeador e sobretudo a palavra "Se o grão não morrer..."

Quando o trigo verde começasse a brotar, a Parábola do Joio e do Trigo.

Nos vilarejos (raros hoje em dia) onde o pão é feito nas fazendas, a comparação entre o fermento e o Reino dos Céus pode ser feita em qualquer momento em que o pão esteja sendo feito.

Nos vilarejos que plantam a vinha poderia ser feita, durante o período bastante longo da poda da videira, a

---

1. J.A.C.: abreviação de "Jeunesse Agricole Catholique", ou seja, "Juventude Agrícola Católica" [N.T.].

leitura e o comentário de São João "Eu sou a cepa e vós sois os ramos..." Poderia-se voltar a essas palavras durante todo o inverno sem que o assunto fosse esgotado.

No verão, nos mesmos vilarejos, a Parábola dos Obreiros da Décima Primeira Hora.

Todas as outras parábolas onde se fala do vinhedo.

Quando se começasse a amassar a uva e a beber o vinho novo, a história das Bodas de Caná.

Nos lugares onde é feito o plantio de árvores, no momento em que elas estão sendo plantadas poderia ser lida a passagem do grão de mostarda que se tornará uma árvore onde os pássaros do céu vêm pousar (junto a todas as passagens do Novo Testamento e da liturgia relativas à "árvore da cruz").

Nos países onde se criam animais domésticos, todas as parábolas onde figurem um pastor e suas ovelhas. Na primavera, todas as passagens onde se fala do Cordeiro.

Nas épocas festivas onde as pessoas convidam-se umas às outras, as parábolas nas quais se fala de banquetes e convidados. (Ou melhor, na época dos casamentos, pois em geral trata-se de banquetes de núpcias.)

Nos países onde há florestas, quando houver acidentalmente um incêndio, o comentário da palavra "Eu vim jogar um fogo sobre a terra e o que poderia desejar se o incêndio já começou?"

E assim por diante; isso poderia ser feito com todos os acontecimentos sazonais ou acidentais da vida do vilarejo que podem ser relacionados a uma passagem do Novo Testamento.

(Ou até mesmo, mas com prudência, do Antigo Testamento; por exemplo, na primavera, o Cântico dos Cânticos). "Minha amiga, levanta-te e venha...")

Trata-se de transformar, tanto quanto possível, a própria vida quotidiana em uma metáfora que tenha significado divino em uma parábola.

Uma metáfora é composta de palavras que falam sobre coisas materiais e envolvem um significado espiritual. Por exemplo, "Se o grão não morrer..."

Se substituirmos essas palavras pela própria coisa, unidas ao mesmo significado, a metáfora torna-se ainda mais poderosa.

Assim, o espetáculo do grão que é enterrado na terra. Se o camponês que semeia for capaz de ler nesse espetáculo a alma carnal ("o velho homem") que morre através da renúncia para ressuscitar como nova criatura de Deus.

Para tal semeador, as horas de semeadura seriam horas de oração tão perfeitas quanto aquelas de qualquer carmelita em sua cela, e isso aconteceria sem que o trabalho sofresse as consequências, já que sua atenção seria dirigida ao trabalho.

(Que sejam mencionadas de passagem, na minha opinião, as mitologias dos povos da Antiguidade – com exceção dos romanos. Com metáforas desse tipo os iniciados conheceriam seu significado, sendo iniciado quem quisesse.)

A segunda reforma seria fazer da Eucaristia o próprio centro da vida quotidiana em todos os lugares nos quais fossem produzidos a vinha e o trigo.

Se Cristo escolheu o pão e o vinho para neles encarnar após sua morte, a cada dia, através dos séculos, e não, por exemplo, pela água e pelos frutos selvagens, não foi por acaso. Há sem dúvida uma infinidade de razões para uma ação tão infinitamente sábia. Talvez esta seja uma:

Um homem que trabalha queima sua própria carne e a transforma em energia, assim como uma máquina queima carvão. É por essa razão que, caso ele trabalhe demais ou não coma o suficiente em relação à energia despendida no trabalho, ele emagrecerá; ele perderá carne. Assim, poderíamos dizer que, de uma certa maneira, o trabalhador braçal transforma sua carne e seu sangue em objetos fabricados.

Para o camponês, esses objetos fabricados são o pão e o vinho.

O padre tem o privilégio de fazer surgir sobre o altar a carne e o sangue de Cristo, mas o camponês tem um privilégio não menos sublime: sua carne e o seu sangue, sacrificados ao longo de intermináveis horas de trabalho, passando através do trigo e da uva, tornam-se a carne e o sangue do Cristo.

Ou o trabalho manual é uma servidão degradante para a alma ou é um sacrifício. No caso do trabalho no campo, o vínculo com a Eucaristia, se ao menos ele for sentido, é suficiente para fazer dele um sacrifício.

Nesse caso, um camponês, ao levar uma vida normal, com mulher e filhos, com prazeres moderados aos domingos e dias de festa, estaria tão bem-colocado quanto um religioso para chegar à perfeição. Pois o trabalho, se for executado como um sacrifício, vale tanto quanto qualquer sacrifício.

Poderíamos assim transformar completamente a vida de um vilarejo cristão.

Eu veria a coisa dessa maneira.

Uma cerimônia religiosa seria realizada na véspera do dia em que um rapaz começasse a trabalhar sozinho pela primeira vez. Geralmente isso acontece aos quatorze anos.

Se renunciássemos à prática recente de fazer os jovens comungarem, essa cerimônia poderia ser a Primeira Comunhão. Assim, o vínculo entre a Eucaristia e o trabalho se entranharia em sua alma durante esse dia inebriante. Pois o dia em que um menino de quatorze anos trabalha pela primeira vez é inebriante.

O arado seria abençoado e consagrado a Deus ao longo dessa cerimônia. A criança pediria a Deus a graça de todas as vezes em que ela tocasse nesse arado, sempre pensar primeiro no serviço a Deus e ao próximo, e apenas depois no ganho, até o dia de sua morte.

Essa cerimônia deveria acontecer no mesmo dia para todas as crianças de uma determinada idade: um domingo; todo o vilarejo compareceria e comungaria. O padre pregaria sobre o espírito de pobreza, comentando a passagem "Olhai os lírios do campo que não labutam nem semeiam..." e ele explicaria que é preciso labutar e semear, mas com o pensamento de servir, e não de ganhar; e receber em seguida o ganho como um dom da Providência. Ele leria também a passagem "Eu sou o pão da vida..." e diria às crianças que elas vão fabricar esse pão cuja consagração fará o Pão da Vida.

Seria necessário fazer uma cerimônia semelhante para as meninas, mas é mais difícil imaginá-la.

Por ocasião dessa cerimônia, todos os homens, depois das crianças, pediriam a Deus a continuação dessa mesma graça para si – a saber, sempre tocar o arado em um espírito de caridade.

Após cada colheita, em cada fazenda, seria colocado de lado um pouco do grão, que as próprias mulheres moldariam e amassariam, e elas o ofereceriam ao cura para a hóstia.

A cada domingo, o cura anunciaria: "Hoje o pão que será consagrado vem da fazenda tal; os homens e as mulheres dessa fazenda deram, através do seu trabalho, um pouco da sua substância vital a Deus, para que Cristo tenha como se encarnar sobre o altar".

Nesse dia, os homens, as mulheres e as crianças dessa fazenda, patrões e criados, estariam sentados na primeira fila.

Essa honra seria concedida incondicionalmente ao menos uma vez a cada fazenda; mas ela seria concedida mais frequentemente àquelas em que a piedade e sobretudo a caridade ao próximo fossem maiores.

Da mesma maneira para o vinho, ali onde houvesse plantações de vinhedos.

A cada domingo o cura, junto com os fiéis, ao nomear os trabalhos em curso, pediria a Deus que os abençoasse para que seus trabalhos dessem a carne e o sangue, de uma parte a Cristo sobre o altar, de outra parte aos irmãos de Cristo, que são os homens; e de conceder aos trabalhadores que eles possam cumprir suas tarefas em um espírito de paciência, sacrifício e amor. No início de cada novo período de trabalho essa oração seria seguida pela bênção das ferramentas.

Nos domingos em que o trabalho urgente impedisse os fiéis de irem à igreja, o cura iria aos campos para recitar essa oração e um *Pater*. Assim, os camponeses não teriam a sensação de que há alguma concorrência ou hostilidade entre o trabalho e a igreja.

Um tipo de texto evangélico especialmente conveniente aos camponeses são todos aqueles que tratam da questão da paciência ("Eles carregarão frutos na paciência"). Eles devem ser lidos e comentados sobretudo nos períodos nos quais os dias de trabalho são intermináveis, ou quando o capricho do tempo obriga a fazer e refazer o mesmo trabalho diversas vezes.

Um outro pensamento a ser desenvolvido com frequência é o de que fora da Eucaristia há uma outra circunstância na qual o pão torna-se a carne de Cristo. É quando ele é dado aos infelizes em um movimento de pura compaixão. Cristo disse: "Eu tive fome e tu me destes de comer..." Consequentemente, o pão recebido, comido e digerido por um homem que tem fome, ao tornar-se a sua carne, torna-se a carne do Cristo.

Ou seja, sobretudo nos lugares onde há pessoas que têm fome.

Mesmo excetuando as ocasiões, um camponês santifica seu trabalho se, ao trabalhar, ele estiver feliz por pensar que produz alimento que acalmará a fome dos homens. Ele produz para os outros carne e sangue sacrificando a sua carne e o seu sangue.

Contudo, sua energia vital, consumida no trabalho, não é usada diretamente para produzir o trigo e a uva, mas apenas para realizar as condições externas nas quais eles podem ser produzidos. O que os produz são a água e a luz que descem do céu.

O trigo e a uva são a energia solar fixada e concentrada por intermédio da clorofila; através deles a energia do sol entra nos corpos dos homens e os anima.

A luz do sol sempre foi vista como sendo a melhor imagem possível da graça de Deus, da iluminação do Espírito Santo que impregna a alma. Uma enorme quantidade de textos litúrgicos compara Cristo ao sol.

Assim como Cristo se encarna na Eucaristia para ser comido por nós, da mesma maneira a luz do sol se cristaliza nas plantas (e através delas, nos animais) para ser comida por nós. Assim, todo alimento é uma imagem da comunhão, uma imagem do sacrifício por excelência, a saber, a encarnação de Cristo.

O camponês é o servo dessa grande obra. Ele prepara o terreno onde o sol se cristalizará em matéria sólida para alimentar os homens.

Desde já, um outro texto que convém particularmente aos camponeses, e que jamais será suficientemente comentado, pois ele é difícil de ser compreendido e mais ainda de ser sentido, é este: "...para serdes os filhos de vosso Pai, aquele que está nos céus, pois o sol brilha sobre os maus e sobre os bons, e chove sobre os justos e os injustos... Sedes, portanto, perfeitos como vosso Pai celeste é perfeito".

Esse texto convém aos períodos nos quais a influência do sol e da chuva é mais sensível; por exemplo, quando o trigo ou a uva estão amadurecendo.

Ao comentá-lo, deveria-se convidar cada camponês a se perguntar se ele se sente puro o suficiente para desejar que o sol e a chuva estejam reservados aos bons e aos justos. E para aqueles que fossem tentados a responder sim, lembrar-lhes a Parábola do Fariseu e do Publicano.

Como muitos curas de vilarejos não têm a capacidade necessária para comentar de maneira conveniente todos esses textos, seria preciso fazer para eles um manual especial com esse intuito.

Também durante o longo período de inverno, o cura deveria encorajar os fiéis a organizarem de vez em quando vigílias nas quais ele leria e comentaria o Evangelho.

E nos períodos de trabalho ele deveria ir por vezes a casa de uns e outros, trabalhar uma hora ou duas e, sempre trabalhando, dizer algumas palavras suscetíveis de transformar o trabalho em uma metáfora que tenha um significado espiritual.

Tudo isso deve ser feito sem excessos, pois na vida humana o pensamento em Deus deve vir em primeiro lugar; assim como o fermento está na massa, como a pérola no campo – algo infinitamente pequeno em aparência.

De maneira geral, o cristianismo só impregnará a sociedade se cada categoria social tiver seu lugar específico, único, inimitável com o Cristo; e deveria haver, para os padres, formações especiais correspondentes.

Os jocistas são a primeira realização nesse gênero. Seu vínculo inimitável com Cristo consiste em pensar no Cristo obreiro. Esse pensamento os embriaga e conduz a um nível de pureza inacreditável em nossa época.

O vínculo específico dos camponeses com Cristo é constituído pelo pão e o vinho da comunhão (e, para preservá-lo, cada fazenda deveria ser encorajada a fazer um pouco de trigo onde for possível). Acrescente-se a isso parábolas agrícolas, cujo número mostra que Cristo teve por elas um pensamento particularmente terno.

Todos os pastores têm um vínculo com Ele no pensamento do Bom Pastor.

Todas as mães, por intermédio da Virgem.

Todas as decisões de justiça têm um vínculo especial de fraternidade com Ele, pois Ele foi condenado pelo direito comum por excelência. Inocente, portanto ainda mais adequado para ser irmão dos culpados – sem contar que entre eles alguns também são inocentes, ou o foram na origem. Seria necessário agrupá-los sob a invocação do Cristo condenado, assim como agrupamos os jocistas sob a invocação do Cristo obrador. Não para falar-lhes continuamente sobre o arrependimento, pois o infortúnio é para muitos dentre eles um obstáculo mais difícil de ultrapassar do que o crime. Para ensinar-lhes que, culpados ou não, gravemente ou levemente culpados, seu infortúnio, que eles têm em comum com Cristo, prepara-os particularmente, se eles souberem fazer bom uso, a parecer-se com Cristo.

Os mendigos são ligados a Ele pelas palavras "Eu tive fome..."

Os estudantes e "intelectuais" de toda espécie têm vínculo com Ele através das palavras "Eu sou a Verdade". (Não é pouca responsabilidade.) Aqueles que ensinam devem imitá-lo, pois Ele era o *Magister*; os médicos, devido às suas curas etc.

Os juízes e, de maneira geral, todos aqueles que exercem uma jurisdição qualquer sobre seus semelhantes, que têm o poder de punir; portanto, todos aqueles que têm poder, têm com Ele o vínculo das palavras: "Aquele que é sem pecado jogue a primeira pedra". Como apenas Cristo é sem pecado, isso significa que eles têm o direito de punir apenas com a condição de que Cristo realmente habite em sua alma, e, se esse for o caso, no momento em que o castigo for decidido, que toda sua alma faça silêncio para deixar Cristo falar.

Sob um outro aspecto, eles têm um vínculo especial com o Cristo como Pastor; e ainda sob um outro aspecto, enquanto eles estiverem agraciando suas boas ações, seu vínculo com o Cristo encontra-se nas palavras "Eu tive fome e me destes de comer".

Todos os subordinados, todos aqueles que obedecem e executam têm um vínculo com Cristo nas parábolas nas quais se fala de escravos – e sobretudo nas palavras: "Ele tomou a forma de um escravo".

Seria necessário, na medida em que é possível fazê-lo sem recorrer aos textos, encontrar e definir para cada aspecto da vida social seu vínculo específico com Cristo. O vínculo deveria ser a inspiração de cada agrupamento da Ação Católica.

Assim como a vida religiosa está repartida em ordens que correspondem a vocações, da mesma maneira a vida social apareceria como um edifício de vocações distintas convergindo em Cristo. E em cada uma seriam necessárias algumas almas tão totalmente devotadas a Cristo quanto um monge; o que seria o caso se aqueles que querem se dar a Ele parassem de automaticamente entrar nas ordens religiosas.

IV
Reflexões desordenadas sobre o amor de Deus

Nosso próprio ser, a cada instante, possui como estofo, como substância, o amor que Deus tem por nós. O amor criador de Deus que nos mantém na existência não é apenas superabundância e generosidade. Ele é também renúncia, sacrifício. Não apenas a paixão, mas a própria criação é renúncia e sacrifício por parte de Deus. A paixão é apenas a sua realização. Como Criador, Deus se esvazia da sua divindade. Ele toma a forma de um escravo. Ele se submete à necessidade. Ele se rebaixa. Seu amor sustenta na existência, em uma existência livre e autônoma, outros seres além dele, seres outros que o bem, seres medíocres. Por amor, Ele os abandona ao infortúnio e ao pecado. Pois se Ele não os abandonasse, eles não seriam. Sua presença lhes tiraria o ser, assim como a chama mata a borboleta.

A religião ensina que Deus criou os seres finitos em graus diferentes de mediocridade. Constatamos que nós, humanos, somos, no limite, a extrema fronteira além da qual não é mais possível conceber nem amar Deus. Abaixo de nós há apenas os animais. Nós também somos medíocres, tão longe de Deus quanto uma criatura sensata pode estar. É um grande privilégio. Por nós, Deus tem que fazer o caminho mais longo se quiser chegar até nós. Após ter tomado, conquistado, transformado nossos corações, somos nós que, por nossa vez, teremos o mais longo caminho a fazer para chegar até Ele. O amor é proporcional a distância.

Foi por um amor inconcebível que Deus criou seres tão distantes dele. Foi por um amor inconcebível que Ele desceu até nós. Foi por um amor inconcebível que, em seguida, esses seres subiram até Ele. O mesmo amor. Eles só podem subir graças ao amor que Deus colocou neles quando foi buscá-los. E esse amor é o mesmo através do qual Ele os criou tão longe dele. A paixão não está separada da criação. A própria criação é uma espécie de paixão. Minha própria existência é como um despedaçamento de Deus, um despedaçamento que é amor. Quanto mais eu sou medíocre, mais irrompe a imensidão do amor que me mantém na existência.

O mal que vemos no mundo todo sob forma de infortúnio e crime é um sinal da distância que estamos de Deus. Mas essa distância e amor devem, em seguida, ser amados. Não significa que devemos amar o mal. Mas é preciso amar a Deus através do mal. Quando uma criança ao brincar quebra um objeto precioso, a mãe não gosta dessa destruição. Mas se o seu filho partir para longe ou morrer, ela pensará nesse acidente com uma infinita ternura porque verá nisso apenas uma manifestação da existência do seu filho. É dessa maneira que através de todas as coisas boas e ruins nós devemos indistintamente amar a Deus. Enquanto amarmos apenas através do bem, não será Deus que estaremos amando, mas algo terrestre que chamamos pelo mesmo nome. Não devemos tentar reduzir o mal ao bem buscando compensações ou justificativas para o mal. É preciso amar a Deus através do mal que se produz, unicamente porque tudo aquilo que é produzido é real, e por trás de toda realidade há Deus. Algumas realidades são mais ou menos transparentes; outras são completamente opacas; mas por trás de todas há, indistintamente, Deus. Nosso negócio é apenas ter o olhar voltado na direção do ponto em que Ele se encontra, quer nós possamos ou não percebê-lo. Se não houvesse nenhuma realidade transparente nós não teríamos nenhuma ideia de Deus. Mas se todas as realidades fossem transparentes, nós só gostaríamos da sensação da luz, e não de Deus. Quando não o vemos, quando a realidade de Deus não se torna sensível a nenhuma parte da nossa alma, então, para amar a Deus é preciso realmente se transportar para fora de si. Isso é amar a Deus.

Para isso é preciso ter constantemente o olhar voltado para Deus, sem nunca desviá-lo. De outra maneira, como conheceríamos a boa direção quando uma tela opaca se interpõe entre a luz e nós? É preciso estar completamente imóvel.

Permanecer imóvel não significa abster-se da ação. Trata-se da imobilidade espiritual, não material. Mas não devemos agir, nem nos abster de agir, por vontade própria. Em primeiro lugar, é preciso fazer apenas aquilo ao qual somos obrigados por uma obrigação estrita, já que aquilo que pensamos honestamente nos foi comandado por Deus; enfim, se restar um campo indeterminado, uma inclinação natural nos empurrará nessa direção, com a condição que não se trate de nada ilegítimo. Só devemos fazer esforço de vontade no campo da ação para preencher as obrigações estritas. Os atos que procedem da inclinação não constituem, evidentemente, nenhum esforço. Quanto aos atos de obediência a Deus, somos passivos; quaisquer que sejam as penas que os acompanham, eles não exigem esforço propriamente dito, nenhum esforço ativo; mas, antes, paciência, a capacidade de suportar e sofrer. A crucifixão de Cristo serve de modelo. Mesmo que, visto de fora, um ato de obediência pareça vir acompanhado por um grande desdobramento de atividade, dentro da alma só há, na realidade, sofrimento passivo.

Há um esforço a ser feito que é de longe o mais difícil de todos, mas ele não está no campo da ação. É manter o olhar voltado para Deus, trazê-lo de volta quando ele se afastar, aplicá-lo durante alguns momentos com toda a intensidade de que dispomos. Isso é muito duro porque toda parte medíocre de nós mesmos, que somos quase nós inteiros, que somos nós mesmos, que é aquilo que chamamos de eu, sente-se condenada à morte por essa prática de olhar para Deus. E ela não quer morrer. Ela se revolta. Ela fabrica todas as mentiras passíveis de desviar o olhar.

Uma dessas mentiras são os falsos deuses que chamamos de Deus. Podemos acreditar que pensamos em Deus quando na realidade amamos certos seres humanos que nos falaram dele, ou um certo meio social, ou certos hábitos de vida. Ou uma certa paz da alma, uma certa fonte de alegria sensível, de esperança, de reconforto, de consolo. Nesses casos, a parte medíocre da alma está em total segurança; mesmo a oração não a ameaça.

Uma outra mentira é o prazer e a dor. Sabemos muito bem que algumas omissões ou certas ações causadas devido à atração pelo prazer ou pelo temor da dor nos forçam a desviar o olhar de Deus. Quando nos deixamos levar, acreditamos ter sido vencidos pelo prazer ou pela dor; mas muito frequentemente isso é uma ilusão. Muito frequentemente, o prazer e a dor sensíveis são apenas um pretexto que a parte medíocre de nós mesmos utiliza para nos desviar de Deus. Por si, eles não são tão poderosos assim. Não é tão difícil renunciar a um prazer, mesmo sendo inebriante, ou de se submeter a uma dor, mesmo sendo violenta. Vemos isso ser feito quotidianamente por pessoas muito medíocres. Mas é infinitamente difícil renunciar até mesmo a um levíssimo prazer, expor-se a uma levíssima pena, apenas por Deus, para o verdadeiro Deus, para aquele que está nos céus e não em outro lugar. Pois quando o fazemos, não somos conduzidos ao sofrimento, mas à morte. Uma morte mais radical do que a morte carnal e que também causa horror à natureza. A morte daquilo que em nós diz "eu".

Algumas vezes a carne nos desvia de Deus, mas frequentemente, quando acreditamos que as coisas se passam dessa maneira, na realidade é o contrário que acontece. A alma, incapaz de suportar essa presença mortífera de Deus, essa queimadura, refugia-se por trás da carne, toma a carne como tela. Nesse caso, não é a carne que faz esquecer Deus, é a alma que busca o esquecimento de Deus na carne que ali se esconde. Não há enfraquecimento, mas traição, e a tentação para cair em tal traição é tanta, que a parte medíocre da alma leva a melhor sobre a parte pura. Faltas que em si são muito leves podem constituir uma traição dessa espécie; elas serão então infinitamente mais graves do que as faltas causadas por um enfraquecimento, que em si são muito graves. Evitamos a traição, não pelo esforço ou por uma violência contra nós mesmos, mas por uma simples escolha. Basta admitir como estrangeira e inimiga a parte de nós mesmos que quer se esconder de Deus, mesmo que ela seja quase inteiramente nós mesmos, se ela é nós mesmos. É preciso pronunciar perpetuamente dentro de nós uma palavra de adesão à parte de nós mesmos que reclama Deus, mesmo quando ela ainda não passa de algo infinitamente pequeno. Quando aderimos a esse infinitamente pequeno, ele aumenta com um crescimento exponencial, segundo uma progressão geométrica análoga à série 2, 4, 8, 16, 32 etc., da mesma maneira que um grão, e isso acontece sem nossa intervenção. Podemos parar esse crescimento recusando-lhe nossa adesão, torná-lo mais lento negligenciando o uso da vontade contra os movimentos desordenados da parte carnal da alma. Contudo, quando esse crescimento se dá, ele é operado em nós sem nós.

O esforço mal direcionado em direção ao bem, a Deus, continua sendo uma armadilha, uma mentira da parte medíocre de nós mesmos que busca evitar a morte. É muito difícil compreender que é uma mentira e, por essa razão, é muito perigoso. Tudo acontece como se a parte medíocre de nós mesmos soubesse mais do que nós sobre as condições da salvação – e é isso que nos força a admitirmos a existência de algo como o demônio. Há pessoas que buscam a Deus da mesma maneira que alguém que salta com os pés juntos na esperança de que, à força de saltar cada vez um pouco mais alto, um dia ele acabará não mais caindo e continuará subindo até chegar ao céu. Essa esperança é vã. No conto de Grimm intitulado *O pequeno alfaiate valente* há um concurso de força entre o pequeno alfaiate e o gigante. Este lança uma pedra para o alto, tão alto que ela leva muito, muito tempo, antes de voltar a cair. O pequeno alfaiate, que tem um pássaro em seu bolso, diz que ele pode fazer melhor, que as pedras que ele lança para o alto não voltam a cair; e ele solta seu pássaro. Aquilo que não tem asas sempre acaba voltando a cair. As pessoas que saltam com os pés juntos em direção ao céu, absortas por esse esforço muscular, não olham para o céu. E o olhar é a única coisa eficaz nesse assunto, pois ele faz Deus descer. E após Deus ter descido e chegado até nós, ele nos ergue, ele nos dá asas. Nossos esforços musculares só são eficazes e têm uso legítimo para afastar, para subjugar qualquer coisa que nos impeça de olhar; é um uso negativo. A parte da alma capaz de olhar Deus está cercada por cães que ladram, mordem e incomodam tudo e todos. É preciso pegar um chicote para domesticá-los. Aliás, nada impede, quando pudermos, de usar torrões de açúcar para esse adestramento. Seja pelo chicote ou pelo açúcar – na verdade, precisamos dos dois, em proporções variáveis segundo os temperamentos –, o importante é domesticar os cães, constrangê-los à imobilidade e ao silêncio. Esse adestramento é uma condição para a ascensão espiritual; mas por si mesmo, ele não constitui uma força ascendente. Apenas Deus é a força ascendente, e ela vem quando olhamos para Ele. Observá-lo significa amá-lo. A única relação existente entre o homem e Deus é o amor. Mas nosso amor por Deus deve ser como o amor da mulher pelo homem, que não ousa se expressar através de nenhum avanço, que é apenas espera e expectativa. Deus é o Esposo e cabe ao esposo ir em direção àquela que ele escolheu, falar com ela, conduzi-la. A futura esposa deve apenas esperar.

As palavras de Pascal "Tu não me buscarias se tivésseis me achado" não é a verdadeira expressão das relações entre o homem e Deus. Platão é bem mais profundo quando diz: "Desviar-se daquilo que passa com toda a alma". O homem não deve buscar algo, nem mesmo buscar acreditar em Deus. Ele deve apenas recusar-se a dar seu amor a tudo que seja diferente de Deus. Essa recusa não supõe nenhuma crença. Basta constatar o que é uma evidência para todo o espírito: todos os bens aqui embaixo, passados, presentes ou futuros, reais ou imaginários, são finitos e limitados, radicalmente incapazes de satisfazer o desejo por um bem infinito e perfeito que queima perpetuamente em nós. Isso todos sabem e por vezes o confessam ao longo de sua vida, durante um instante, mas tão logo elas mentem para si mesmas para não mais saber, pois sentem que, se soubessem, elas não poderiam mais viver. E esse sentimento é justo, esse conhecimento mata, mas ele inflige uma morte que conduz à ressurreição. Não sabemos disso com antecedência, apenas pressentimos a morte; é preciso escolher entre a verdade e a morte ou entre a mentira e a vida. Se fizermos a primeira escolha, se nos atermos a ela, se persistirmos indefinidamente, recusando-nos a colocar todo nosso amor nas coisas que não são dignas, ou seja, em todas as coisas daqui debaixo, sem exceção, isso não bastará. Não há perguntas a serem feitas, buscas a serem empreendidas. Se um homem persistir nessa recusa, um dia ou outro Deus irá até ele. Como Electra para Orestes, ele verá, ouvirá, abraçará Deus, ele terá a certeza de uma realidade irrecusável. Com isso ele não terá se tornado incapaz de duvidar; o espírito humano tem sempre a capacidade e o dever de duvidar; mas a dúvida indefinidamente prolongada destrói a certeza ilusória das coisas incertas e confirma a certeza das coisas certeiras. A dúvida relativa à realidade de Deus é uma dúvida abstrata e verbal para quem quer que tenha sido conquistado por Deus, bem mais abstrata e verbal do que a dúvida relativa à realidade das coisas sensíveis; todas as vezes que uma tal dúvida se apresentar, basta acolhê-la sem nenhuma restrição para provar o quanto ela é abstrata e verbal. Consequentemente, o problema da fé não se coloca. Enquanto um ser humano não tiver sido arrebatado por Deus, ele não pode ter fé, mas apenas uma simples crença; e quer ele tenha ou não uma tal crença, não importa, pois ele também poderá chegar à fé pela incredulidade. A única escolha oferecida ao homem é a de vincular ou não seu amor aqui embaixo. Que ele se recuse a vincular seu amor aqui embaixo e permaneça imóvel, sem buscar, sem se mexer, na expectativa, sem sequer tentar saber o que ele espera; ele está absolutamente certo de que Deus fará todo o caminho até ele. Aquele que busca incomoda a operação de Deus mais do que a facilita. Aquele que Deus arrebatou não busca mais Deus no sentido que Pascal parece empregar a palavra buscar.

Como poderíamos buscar Deus, já que Ele está no alto, na dimensão que nós não podemos percorrer? Só podemos caminhar horizontalmente. Se caminharmos dessa maneira, buscando nosso bem, e se a busca chegar ao término, essa chegada será ilusória, o que teremos encontrado não será Deus. Uma criança pequena que está na rua e de repente não vê mais a sua mãe ao seu lado corre para todos os lados chorando, mas ela está errada ao agir assim; se ela tiver bom-senso e força de alma suficiente para parar e esperar, ela a encontrará mais rapidamente. É preciso apenas esperar e chamar. Não chamar alguém, já que não sabemos se há alguém. Gritar que estamos com fome e queremos pão. Gritaremos mais ou menos durante bastante tempo, mas finalmente seremos alimentados e então não gritaremos mais, saberemos que o pão realmente existe. Quando comemos, qual prova mais segura poderíamos querer? Enquanto não tivermos comido, não é necessário, e nem sequer muito útil, acreditar no pão. O essencial é sabermos que estamos com fome. Não é uma crença, é um conhecimento certeiro que só pode ser obscurecido pela mentira. Todos aqueles que acreditam que há ou que haverá um dia um alimento produzido aqui embaixo estão mentindo.

O alimento celeste não faz apenas crescer em nós o bem, ele destrói o mal, algo que nossos próprios esforços jamais poderão fazer. A quantidade de mal que está em nós só pode diminuir graças ao olhar pousado sobre uma coisa perfeitamente pura.

V
Israel e os gentios

O conhecimento essencial com relação a Deus é que Ele é o Bem. Todo o resto é secundário.

Os egípcios tinham esse conhecimento, como mostra *O livro dos mortos* ("Senhor da verdade, eu te trago a verdade... Destruí o mal para ti... Não faço ninguém chorar... Não causei temor a ninguém... Não fui a razão para um mestre ter maltratado o seu escravo... Não levantei minha voz... Não me fiz de surdo às palavras justas e verdadeiras... Não apresentei meu nome na frente de outros para receber honrarias... Não afastei a divindade em suas manifestações..."). O mesmo *O livro dos mortos* explica a salvação como uma assimilação da alma a Deus, pela graça de Deus, sob a condição do amor e do desejo do bem. Deus é chamado de Osíris, um deus que viveu na Terra, na carne humana, só fazendo o bem, que sofreu uma paixão, morreu e tornou-se em seguida, no outro mundo, o salvador, o juiz e o bem soberano das almas.

Mas, segundo as Escrituras, os hebreus antes de Moisés só conheceram Deus como *Todo-poderoso*. Dito de outra maneira: de Deus, eles só conheceram o atributo do poder, e não o bem que é o próprio Deus. Tampouco há alguma indicação de que os patriarcas tenham estabelecido um vínculo entre o serviço a Deus e à moralidade. Os inimigos mais encarniçados dos judeus não lhes imputaram nada pior do que aquilo que é narrado pelas Escrituras, com aprovação, relativo à política de José para com o povo egípcio.

Conhecer a divindade apenas como poder e não como bem é idolatria, e, então, pouco importa que tenhamos um deus ou vários. É apenas pelo fato de o Bem ser único que é preciso reconhecer um único Deus.

Moisés compreendeu que Deus impunha mandamentos de ordem moral; não é algo surpreendente, já que ele fora "instruído na sabedoria egípcia". Ele definiu Deus como o Ser. Sobre essa questão, os primeiros cristãos buscaram explicar a semelhança entre o ensinamento de Moisés e o de Platão graças a uma influência do primeiro sobre o segundo, através do Egito. Ninguém defende essa explicação hoje em dia; mas nenhuma outra é proposta.

Ora, a verdadeira explicação salta aos olhos: Platão e Moisés eram, tanto um quanto o outro, "instruídos na sabedoria egípcia"; se não Platão, mas de todo modo Pitágoras. Aliás, Heródoto diz que todo o pensamento religioso dos helenos veio do Egito por intermédio dos fenícios e dos pelasgos[2].

Mas Platão (e antes dele Pitágoras e, sem dúvida, muitos outros) foi mais instruído do que Moisés, pois ele sabia que o Ser ainda não é o que existe de mais elevado; o Bem está acima do Ser e Deus é o Bem antes mesmo de ser o que é.

Em Moisés, os preceitos de caridade são raros e estão sufocados em uma quantidade de mandamentos de uma crueldade e uma injustiça atrozes. Nas partes da Bíblia que são anteriores ao exílio (com exceção, se formos supor que essas partes são anteriores ao exílio, o que é duvidoso, de alguns salmos atribuídos a Davi, a Jó, o Cântico dos

---

2. Termo usado por alguns estudiosos da Grécia antiga para se referir a populações que teriam sido ancestrais dos gregos ou que os teriam antecedido na colonização do atual território grego [N.T.].

Cânticos) Deus aparece continuamente velado pelo atributo do poder.

As "nações" sabiam que Deus, para ser amado como Puro Bem, despoja-se do atributo do poder. Dizia-se em Tebas, no Egito, que Zeus, não podendo deixar de ceder às orações prementes daquele que queria vê-lo, mostrou-se revestido com os restos de uma ovelha degolada (cf. "o cordeiro que foi degolado desde a fundação do mundo"). Essa tradição remonta, segundo o que os habitantes de Tebas afirmaram a Heródoto, a 17 mil anos antes da Era Cristã. Osíris sofreu uma paixão. A Paixão de Deus era o próprio objeto dos mistérios egípcios e também dos mistérios gregos, nos quais Dioniso e Perséfone equivalem a Osíris.

Os gregos acreditavam que, quando um infeliz implora por piedade, o próprio Zeus implora através dele. A esse respeito, ao invés de dizer: "Zeus protetor dos suplicantes", eles diziam: "Zeus suplicante". Ésquilo diz: "Qualquer um que não tenha compaixão pelas dores daqueles que sofrem está ofendendo Zeus suplicante". Isso se assemelha às palavras de Cristo: "Eu tive fome e vós me destes de comer". Ele também disse: "Não há raiva mais temível para os mortais do que a de Zeus suplicante".

Não conseguiríamos imaginar uma expressão como "Jeová suplicante".

Heródoto enumera uma grande quantidade de nações helênicas e asiáticas das quais apenas uma adorava um "Zeus dos exércitos". As outras recusavam-se a conceber a conduta da guerra como atributo do Deus supremo, como faziam os hebreus.

Moisés devia conhecer as tradições egípcias relativas a Zeus e às ovelhas e relativa à paixão redentora de Osíris. Ele recusou esse ensinamento.

É fácil compreender por quê. Ele era, antes de tudo, um fundador do Estado. Ora, como disse muito bem Richelieu, a salvação da alma se opera no outro mundo, mas a salvação do Estado se opera neste mundo. Moisés gostaria de aparecer como o enviado de um deus poderoso que faz promessas temporais. As promessas de Jeová a Israel são as mesmas que o diabo fez a Cristo: "Eu te darei todos esses reinos..."

Os hebreus sempre oscilaram entre a concepção de Jeová como um deus nacional entre outros deuses nacionais, pertencentes a outras nações, e de Jeová como Deus do universo. A confusão entre as duas noções encerrava a promessa desse império do mundo ao qual todo povo aspira.

Os sacerdotes e os fariseus condenaram Cristo à morte – muito justamente do ponto de vista de um homem de Estado – porque, por um lado, sua influência excitava o povo a ponto de eles temerem um levante popular contra os romanos, ou, ao menos, uma efervescência passível de inquietar os romanos. Por por outro lado, Ele aparecia como sendo visivelmente incapaz de proteger a população da Palestina contra os horrores de uma repressão infligida por Roma. Ele foi morto porque só fazia o bem. Se Ele tivesse se mostrado capaz de matar com uma única palavra dezenas de milhares de homens, esses mesmos sacerdotes e fariseus o teriam aclamado como Messias. Mas não se liberta um povo subjugado curando paralíticos ou cegos.

Ao crucificar Cristo, os judeus estavam na lógica de sua própria tradição.

Talvez o silêncio tão misterioso de Heródoto com relação a Israel pudesse ser explicado caso Israel fosse objeto de escândalo para os antigos devido a essa recusa dos conhecimentos egípcios relativos à mediação e à paixão divinas. Nonnos, um egípcio, talvez cristão, do século V da Era Cristã, acusa um povo situado ao sul do Monte Carmelo, que deve ser Israel, de ter atacado de maneira traiçoeira Dionísio desarmado e de tê-lo forçado a se refugiar no Mar Vermelho. A *Ilíada* faz alusão a esse ataque, mas sem fornecer detalhes geográficos.

A própria noção de povo eleito é incompatível com o conhecimento do verdadeiro Deus. Isso é idolatria social, o pior tipo de idolatria.

Israel foi eleito apenas em um sentido; ou seja, Cristo nasceu no seio desse povo. Mas também foi ali que Ele foi morto. Os judeus tiveram maior participação nessa morte do que nesse nascimento. A eleição de Israel pode ser ouvida ao mesmo tempo nos dois sentidos: no sentido em que José foi eleito para alimentar Jesus e que Judas foi eleito para traí-lo. Cristo encontrou discípulos em Israel, mas após tê-los formado durante três anos de ensinamento paciente, eles o abandonaram. Já o eunuco da Etiópia só precisou de alguns minutos para compreendê-lo. Isso não é surpreendente; pois, segundo Heródoto, a Etiópia adorava como divindades apenas Zeus e Dioniso, ou seja, o Pai e o Filho; Filho nascido sobre a terra, de uma mulher, condenado à morte no sofrimento e causa de salvação para aqueles que o amam. Ele estava totalmente preparado.

Tudo aquilo que no cristianismo é inspirado do Antigo Testamento é ruim; a começar pela concepção da santidade da Igreja, modelada sobre a santidade de Israel.

Após os primeiros séculos, sobre os quais sabemos quase nada, a Cristandade – pelo menos no Ocidente – abandonou o ensinamento de Cristo para voltar ao erro de Israel sobre um ponto julgado pelo próprio Cristo como sendo o mais importante de todos.

Santo Agostinho dizia que se um infiel veste aqueles que estão nus e se recusa a prestar falso testemunho mesmo sob tortura etc., ele não está agindo bem, apesar de Deus estar operando boas obras através nele. Ele diz também que, aquele que está fora da Igreja, infiel ou herético, e que vive bem, é como um bom corredor em uma estrada ruim: quanto mais ele correr, mais se afastará do bom caminho.

Isso é idolatria social que tem como objeto a Igreja (se eu tivesse que escolher entre Santo Agostinho ou um "idólatra" que veste aqueles que estão nus etc. – e admiro qualquer um que o faça –, não hesitaria em escolher o segundo).

Cristo ensinou exatamente o contrário de Santo Agostinho. Ele disse que no último dia dividirá os homens em abençoados ou reprovados, segundo o fato de eles terem ou não vestido aqueles que estão nus etc.; e os justos a quem Ele disse "Eu estava nu e me vestistes", responderão: "Quando, então, Senhor?" Eles não sabiam. Por outro lado, os samaritanos eram para Israel o equivalente exato dos heréticos para com a Igreja; e aquele que está próximo do infeliz desmaiado no fosso não é o sacerdote ou o levita, mas o samaritano. Enfim e sobretudo, Cristo não disse que conhecemos os frutos pela árvore (Santo Agostinho raciocina como se ele tivesse dito isso), mas que reconhecemos a árvore pelos frutos. E, segundo o contexto, o único pecado imperdoável, o pecado contra o Santo Espírito, consiste em dizer que o bem, reconhecido como tal, procede do mal. Podemos blasfemar contra o Filho do homem, podemos não discernir o bem. Mas quando o discernimos em algum lugar, afirmar que ele procede do mal é o pecado sem remissão, pois o bem só produz o bem e o mal só produz o mal. Estar pronto, incondicionalmente e sem restrição, para amar o bem em todo lugar onde ele aparecer, em qualquer medida em que ele aparecer, é a imparcialidade comandada por Cristo. E se todo bem procede do bem, tudo que é bem verdadeiro e puro procede sobrenaturalmente de Deus, pois a natureza não é nem boa nem ruim, ou é um e outro ao mesmo tempo; ela só produz bens que estão misturados de mal, coisas que só são boas sob a condição de fazer delas bom uso. Todo bem autêntico é de origem divina e sobrenatural. A boa árvore que só produz bons frutos é Deus distribuindo a graça. Em qualquer lugar onde houver o bem há contato sobrenatural com Deus, mesmo que seja em uma tribo fetichista e antropofágica no meio da África.

Mas muitos bens aparentes não são bens autênticos. Por exemplo, as "virtudes" do tipo romano ou corneliano não são, de modo algum, verdadeiramente virtudes.

Mas quem quer que dê a um infeliz sem que a mão esquerda saiba o que a sua mão direita faz tem Deus presente em si.

Se os hebreus, como povo, tivessem carregado Deus dentro de si, teriam preferido sofrer a escravidão infligida pelos egípcios – e provocada pelas suas exações anteriores – ao invés de ganhar a liberdade massacrando todos os habitantes do território que eles deveriam ocupar.

Os vícios desses habitantes – se não forem calúnias, pois não se pode acreditar nas acusações dos assassinos contra as vítimas – não servem como desculpa. Esses vícios não lesavam os hebreus. Quem os transformou em juízes? Se eles tivessem sido julgados como povos de Canaã não teriam podido tomar seus territórios; quem algum dia já chegou a achar legítimo um juiz que se apropria da fortuna daquele que ele condenou?

Baseando-se nas palavras de Moisés, eles diziam que Deus lhes ordenara tudo isso. Mas eles só tinham os prodígios como prova. Quando um mandamento é injusto, um prodígio é muito pouco para admitir que ele vem de Deus. Além do mais, os poderes de Moisés eram da mesma natureza dos sacerdotes egípcios; havia diferença apenas na intensidade utilizada.

Jeová aparece nesse trecho da história como um deus nacional hebraico mais poderoso do que os deuses egípcios. Ele não pede ao Faraó que o adore, apenas que deixe os hebreus adorá-lo.

Está escrito em 2Cr 18,19 – "O Eterno disse: Quem seduzirá Acab, rei de Israel?..." Um espírito adiantou-se... e disse: "...Eu irei e serei um espírito "de mentiras na boca de todos os seus profetas".

Essa é a chave de todas as singularidades do Antigo Testamento. Os hebreus – até o exílio que os fez entrar em contato com a sabedoria caldeia, persa e grega – não tinham noção de que havia uma distinção entre Deus e o diabo. Eles atribuíam indistintamente a Deus tudo que era extranatural, tanto as coisas diabólicas como as coisas divinas, e isso acontecia porque eles compreendiam Deus segundo o atributo do poder, e não o atributo do bem.

A palavra do diabo a Cristo narrada por São Lucas: "Eu te darei todo este poder e a glória que vem com o poder, pois ele me foi dado, a mim e a quem quer que me agrade e que eu queira que faça parte" obriga a acreditar que os mandamentos de conquista e de rapina e as promessas temporais contidas no Antigo Testamento eram de fonte diabólica, e não divina.

Ou, se quisermos, por uma dessas ironias do destino, quase comparáveis a trocadilhos, que são um tema favorito da tragédia grega, essas promessas emanavam dos poderes do mal em seu sentido literal e de Deus apenas no seu sentido oculto, como prenúncios de Cristo.

Os deuses gregos também eram misturas de bem e mal; ou melhor, na *Ilíada* todos eles são demoníacos, menos Zeus. Mas os gregos não levavam seus deuses a sério. Na *Ilíada* eles fornecem intermediários cômicos como os bobos da corte em Shakespeare. Já os judeus levavam Jeová muito a sério.

O único ensinamento direto sobre a divindade contido na *Ilíada* é o relato de Zeus pegando sua balança de ouro para pesar os destinos dos gregos e dos troianos, e sendo obrigado a deixar a vitória aos gregos, apesar de seu amor pelos troianos devido à sua devoção.

Só isso coloca a *Ilíada* infinitamente acima de todos os livros históricos do Antigo Testamento, onde é repetido à saciedade que é preciso ser fiel a Deus para obter a vitória na guerra.

De resto, um poema como a *Ilíada* não poderia ter sido escrito sem verdadeira caridade.

Quando uma jovem se casa, seus amigos não entram no segredo do quarto conjugal; mas quando vemos que ela está grávida, temos a certeza de que ela não é mais virgem. Da mesma maneira, ninguém pode constatar quais são as relações entre uma alma e Deus; mas há uma maneira de conceber a vida aqui embaixo: os homens e as coisas que só aparecem em uma alma após a transformação produzida pela união de amor com Deus. A maneira como o poeta da *Ilíada* fala da guerra mostra que a sua alma tinha passado por essa união de amor; o mesmo critério mostra o oposto para os autores dos livros históricos do Antigo Testamento. Esse critério é certeiro, pois "conhecemos uma árvore graças aos seus frutos".

É apenas em Eurípides que as histórias de adultérios envolvendo os deuses servem de desculpa à luxúria dos homens; ora, Eurípides era um cético. Em Ésquilo e Sófocles os deuses só inspiram o bem.

Pelo contrário, certamente o que os hebreus faziam como algo prescrito por Jeová frequentemente era o mal.

Até o exílio não há um único personagem da raça hebraica mencionado na Bíblia cuja vida não seja maculada por coisas horríveis. O primeiro ser puro é Daniel – que era iniciado na sabedoria caldeia (voltando sem dúvida aos habitantes pré-históricos da Mesopotâmia, oriundos de Cham, segundo Gênesis).

Apesar do mandamento "Ama Deus de todas as tuas forças...", só sentimos o amor de Deus em textos que são certamente ou provavelmente posteriores ao exílio. O poder está em primeiro plano, não o amor.

Mesmo nas mais belas passagens do Antigo Testamento há poucas indicações de contemplação mística, com exceção do Cântico dos Cânticos, é claro.

Nas coisas gregas, pelo contrário, há uma grande quantidade desse tipo de indicações. Por exemplo, o *Hipólito* de Eurípides. Os versos de Ésquilo: "Quem quer que, tendo o pensamento voltado para Zeus, proclamará sua glória / esse receberá a plenitude da sabedoria; / Zeus que deu aos homens a via da sabedoria / atribuindo-lhes como lei soberana, *pelo sofrimento,* o conhecimento. / Ela se distila no sono junto do coração, / o sofrimento que é memória dolorosa; e a sabedoria chega mesmo àqueles que não querem. Por parte das divindades, essa é uma graça violenta". A expressão "pelo sofrimento, o conhecimento", que remete à história de Prometeu, cujo nome quer dizer "pelo conhecimento" (ou ainda "providência"), parece significar aquilo que São João da Cruz quis expressar ao dizer que é preciso passar pela Cruz de Cristo para entrar nos segredos da sabedoria divina.

O reconhecimento de Orestes e de Electra em Sófocles assemelha-se ao diálogo de Deus e da alma em um estado místico que se sucede após um período de "noite escura".

Os textos taoistas da China, anteriores à Era Cristã – alguns com mais de cinco séculos – também contêm pensamentos idênticos àqueles das passagens mais profundas dos místicos cristãos. Sobretudo a concepção da ação divina como sendo uma ação que não age.

Especialmente os textos hindus, igualmente anteriores à Era Cristã, contêm os pensamentos mais extraordinários de místicos como Suso ou São João da Cruz. Sobretudo sobre o "nada", o conhecimento negativo de Deus e sobre o estado de união total da alma com Ele. Se o casamento espiritual mencionado por São João da Cruz é a forma mais elevada da vida religiosa, as Escrituras Sagradas dos hindus merecem esse nome infinitamente mais do que as dos hebreus. A similitude das fórmulas é tão grande que podemos nos perguntar se não houve influência direta dos hindus sobre os místicos cristãos. Em todo caso, os escritos atribuídos a Dionísio o Areopagita, que tiveram uma grande influência sobre o pensamento místico da Idade Média, foram sem dúvida compostos, em parte, sob influência da Índia.

Os gregos sabiam que a verdade observada por São João era a mais importante, que "Deus é Amor". No hino a Zeus, de Cleante, onde aparece a Trindade de Heráclito – Zeus, o Logos, "rei supremo através de todas as coisas devido ao seu elevado nascimento", e o Fogo celeste, eternamente vivo, servo de Zeus, pelo qual Zeus envia o Logos ao universo – é dito: "É a ti que este universo inteiro [...] obedece, seja qual for o lugar aonde o conduzes e é de bom grado que ele se submete ao seu poder;

que auxiliar empunhas tu nas tuas mãos invencíveis, o raio eterno de fogo com duplo gume! Sob os seus golpes todas as obras da natureza estremecem, com eles tu diriges o Logos universal que penetra todas as coisas". O universo consente em obedecer a Deus; dito de outra maneira, ele obedece por amor. Platão, em *O banquete*, define o amor pelo consentimento: "Apesar de ele suportar, ele suporta sem violência, pois a violência não se apodera do Amor; o que quer que ele faça, ele o faz sem violência, pois em todas as coisas cada um consente em obedecer ao Amor". O que provoca no universo esse conhecimento consentido é a virtude do raio, que representa, portanto, o Santo Espírito. O Santo Espírito que é sempre representado no Novo Testamento por imagens de fogo ou espada. Assim, para os primeiros estoicos, se o mar continua em seus limites não é pelo poder de Deus, mas pelo amor divino cuja própria virtude comunica-se à matéria. É o espírito de São Francisco de Assis. Esse hino é do século III antes da Era Cristã, mas ele é inspirado em Heráclito, que é do século VI a.C., e a inspiração remonta aos numerosos baixo-relevos cretenses que representam Zeus com um machado de duplo gume.

Quanto às profecias, nós as encontraríamos entre as *gentes*[3] de bem, mais claras do que entre os hebreus.

Prometeu é o próprio Cristo, com a determinação do tempo e do espaço; é a história de Cristo projetada na eternidade. Ele veio jogar fogo sobre a terra. Trata-se do Santo Espírito, como diversos textos o comprovam (*Filebo, Prometeu acorrentado, Heráclito, Cleante*). Ele é redentor dos homens. Ele suportou o sofrimento e a humilhação, voluntariamente, por excesso de amor. Por trás da hostilidade aparente

---

3. No original em latim, no sentido de nação ou povo [N.T.]

entre Zeus e Ele, há amor. Essa dupla relação também é indicada no Evangelho, muito sobriamente, pelas palavras: "Meu Deus, por que me abandonastes?", e sobretudo: "Aquele que me entrega a ti é mais culpado do que tu". Só pode se tratar de Deus, tendo em vista o contexto.

Todas as divindades mortas e ressuscitadas representadas pelo grão, Perséfone, Átis etc., são imagens de Cristo, e Cristo reconheceu essa semelhança pelas palavras: "Se o grão não morrer...". Ele remete a Dioniso através das palavras: "Eu sou a verdadeira vinha", e ao colocar toda a sua vida pública entre duas transformações milagrosas, uma da água em vinho e outra do vinho em sangue.

A geometria grega é uma profecia. Vários textos provam que na origem ela constituía uma linguagem simbólica relativa às verdades religiosas. É provavelmente por essa razão que os gregos ali introduziram um rigor demonstrativo que não teria sido necessário para as aplicações técnicas. O *Epinomis* mostra que a noção central dessa geometria era a noção de mediação "que torna sensíveis os números não naturalmente semelhantes entre si". A construção de um meio proporcional entre a unidade e um número não quadrado pela inscrição do triângulo-retângulo no círculo era uma imagem de uma mediação sobrenatural entre Deus e o homem. Isso aparece em diversos textos de Platão. Cristo mostrou que Ele se reconheceu tão bem nesta imagem quanto nas profecias de Isaías. Ele o demonstrou através de uma série de palavras nas quais a proporção algébrica é indicada de maneira insistente, a relação entre Deus e Ele sendo idêntica à relação entre Ele e os discípulos. Desse modo, "assim como meu Pai me enviou, da mesma maneira, eu vos envio". Poderíamos citar talvez uma dúzia de palavras que seguem esse modelo.

VI
*Carta a Déodat Roché**

23 de janeiro de 1940⁴

Acabo de ler na casa de Ballard seu belo estudo sobre "O amor espiritual entre os cátaros" para o *d'Oc*. Eu já havia lido antes, graças a Ballard, sua brochura sobre o catarismo. Esses dois textos me impressionaram vivamente.

Já faz muito tempo que me sinto atraída pelos cátaros, apesar de saber pouca coisa sobre eles. Uma das principais razões para esta atração é a sua opinião com relação ao Antigo Testamento, que o senhor expressa tão bem em seu artigo, onde diz de maneira muita acertada que a adoração pelo poder fez com que os hebreus perdessem a noção do bem e do mal. A categoria de texto sagrado dada aos relatos cheios de crueldades impiedosas sempre me manteve afastada do cristianismo, sobretudo porque há vinte séculos esses relatos nunca deixaram de exercer influência sobre todas as correntes de pensamento cristão; se ao menos compreendermos por cristianismo as Igrejas hoje em dia classificadas sob esta rubrica. O próprio São Francisco de Assis, tão puro dessa mácula quanto é possível ser, fundou uma Ordem que, mal acabara de ser criada, participou de assassinatos e massacres. Nunca consegui compreender como é possível a um espírito sensato ver o

---

* *Cahiers d'Études Cathares*, n. 2, abr.-jun./1949.

5. Sic para 1941.

Jeová da Bíblia e o Pai invocado no Evangelho como um único e mesmo ser. A influência do Antigo Testamento e a do Império Romano, cuja tradição o papado deu continuidade, são, na minha opinião, as duas causas essenciais da corrupção do cristianismo.

Seus estudos confirmaram um pensamento que eu já tinha antes de tê-los lido. O catarismo foi, na Europa, a última expressão viva da antiguidade pré-romana. Acredito que, antes das conquistas romanas, os países mediterrâneos e o Oriente Próximo formavam uma civilização não homogênea, pois a diversidade era grande de um país a outro, mas contínua; que um mesmo pensamento ali vivia entre os melhores espíritos, expressado sob diversas formas nos mistérios e nas seitas iniciáticas do Egito e da Trácia, da Grécia, da Pérsia e que as obras de Platão constituem a expressão escrita mais perfeita que possuímos sobre esse pensamento. É claro, dada a raridade dos documentos, tal opinião não pode ser provada; mas entre outros indícios, o próprio Platão sempre apresenta sua doutrina como oriunda de uma tradição antiga, sem nunca indicar o país de origem; na minha opinião, a explicação mais simples é que as tradições filosóficas e religiosas dos países conhecidos por ele se confundiam em um único e mesmo pensamento. É desse pensamento que o cristianismo é oriundo; mas os gnósticos, os maniqueus e os cátaros parecem ser os únicos que lhes permaneceram realmente fiéis. Apenas eles realmente escaparam da grosseria do espírito, da baixeza do coração que a dominação romana espalhou sobre vastos territórios e que constituem, ainda hoje, a atmosfera da Europa.

Há entre os maniqueus algo a mais do que na Antiguidade – ao menos a Antiguidade que nos é conhecida. Algumas concepções esplêndidas, como a divindade que desce entre os homens e o espírito despedaçado, disperso entre a matéria. Mas sobretudo o que faz do catarismo uma espécie de milagre é que se tratava de uma religião, e não apenas de uma filosofia. Quero dizer que nas cercanias de Toulouse, no século XII, o mais alto pensamento vivia em um meio humano, e não apenas no espírito de um certo número de indivíduos. Pois está ali, parece-me, a única diferença entre a filosofia e a religião, já que se trata de uma religião não dogmática.

Um pensamento só atinge a plenitude da existência encarnando em um meio humano, e por meio eu compreendo algo aberto ao mundo exterior, que banha na sociedade que está em volta, que está em contato com toda essa sociedade, não simplesmente um grupo fechado de discípulos em torno de um mestre. Por poder respirar a atmosfera de tal meio, um espírito superior cria uma filosofia; mas é um recurso de segunda ordem, o pensamento alcança um grau de realidade médio. É possível que tenha havido um meio pitagórico, mas não sabemos quase nada a respeito. Na época de Platão não havia mais qualquer semelhança, e sentimos continuamente na sua obra a ausência de um tal meio e o pesar por essa ausência, um pesar nostálgico.

Desculpe-me por essas reflexões descosturadas; eu gostaria apenas de mostrar-lhe que meu interesse pelos cátaros não deriva de uma simples curiosidade histórica, nem mesmo de uma simples curiosidade intelectual. Li com alegria em sua brochura que o catarismo pode ser visto como um pitagorismo ou um platonismo cristão, pois a meus olhos nada ultrapassa Platão. A simples curiosidade intelectual não pode nos colocar em contato com o pensamento de Pitágoras e de Platão; pois, com relação a tal pensamento, o conhecimento e a adesão são uma única operação do espírito. Penso a mesma coisa a respeito dos cátaros.

Nunca foi tão necessário quanto hoje ressuscitar esse tipo de pensamento. Estamos em uma época na qual a maioria das pessoas sente confusamente, mas vivamente, que aquilo que no século XVIII chamávamos de "luzes" – aí compreendida a ciência – constitui um alimento espiritual insuficiente; mas esse sentimento está conduzindo a humanidade pelos piores caminhos. É urgente nos reportarmos ao passado, às épocas que foram favoráveis a essa forma de vida espiritual em que o que há de mais precioso nas ciências e nas artes constituiu simplesmente o reflexo um pouco degradado do mundo espiritual.

É por essa razão que desejo vivamente que seus estudos sobre os cátaros encontrem junto ao público a atenção e a difusão que eles merecem. Mas estudos sobre esse tema, não importa quão belos sejam, nunca são o suficiente. Se o senhor pudesse encontrar um editor, a publicação de uma coleção de textos originais, acessível ao público, seria infinitamente desejável...

VII
Questionário

1) Quando temos fé nos mistérios da Trindade, da encarnação e da Eucaristia, mas não vemos nenhuma possibilidade de algum dia chegarmos a aderir à concepção cristã da história, podemos legitimamente sonhar em entrar na Igreja? (Quando, além disso, damos uma grande importância à concepção da história, a ponto de não podermos aceitar, de modo algum, nos abstermos de expressar o que pensamos quando a ocasião se apresenta.)

2) Quais são exatamente as opiniões de Marcião, às quais não podemos aderir sem sermos considerados anátemas? Somos anátemas quando adotamos sua concepção da superioridade dos povos ditos pagãos sobre Israel?

3) Somos anátemas quando admitimos como possível e até mesmo provável ter havido encarnações do Verbo anteriores a Cristo, acompanhadas por revelações; que Melquisedeque, segundo as palavras de São Paulo, foi uma delas; que a religião antiga dos Mistérios seja oriunda de uma tal revelação e que, consequentemente, a Igreja Católica seja sua legítima herdeira?

4) Somos anátemas quando pensamos que a fonte de onde é oriundo, para Israel, o mandamento de destruir as cidades, massacrar os povos e exterminar os prisioneiros e as crianças não vem de Deus; e que ter tomado Deus por autor de um tal mandamento foi um erro incomparavelmente mais grave do que as próprias formas mais baixas do politeísmo e da idolatria; e que, em consequência, até

a época do exílio, Israel não teve praticamente nenhum conhecimento do verdadeiro Deus, ao mesmo tempo em que tal conhecimento encontrava-se na elite da maior parte dos outros povos?

5) Somos anátemas se virmos como ao menos muito duvidosa e provavelmente falsa a opinião de que o verdadeiro conhecimento de Deus é mais difundido entre a Cristandade do que era na Antiguidade, e de que ele é difundido atualmente nos países não cristãos como a Índia?

Seria honesto, tendo tais pensamentos, sonhar em entrar na Igreja? Não seria melhor suportar a privação dos sacramentos?

VIII
Carta a Joë Bousquet

12 de maio de 1942.

Querido amigo,

Antes de tudo, obrigada mais uma vez por tudo o que você tem feito por mim. Se, como eu espero, for eficaz, isso terá sido feito não para mim, mas através de mim para outros, jovens irmãos que devem lhe ser infinitamente caros e que compartilham o mesmo destino. Alguns talvez lhe devam, à aproximação do instante supremo, a doçura de uma troca de olhares.

Você goza do privilégio dos privilégios, pois para você o estado atual do mundo é uma realidade. Talvez até mais do que para aqueles que neste momento estão matando e morrendo, ferem e são feridos e que, surpresos, não sabem onde estão nem o que está lhes acontecendo, como se de agora em diante não tivessem pensamentos formados sobre essa situação. Para todos os outros, para as pessoas daqui, por exemplo, o que está acontecendo é, para pouquíssimos, um pesadelo confuso; para a maioria, uma vaga tela de fundo, um cenário de teatro; nos dois casos, algo irreal.

Há vinte anos você refaz, pelo pensamento, esse destino que se apoderou e deixou de lado tantas pessoas, que se apropriou de você para sempre e que volta agora novamente para se apossar de milhões de homens. Você agora está pronto para pensar a respeito. Ou se ainda não estiver totalmente pronto – eu acho que você não está –

falta apenas uma casca a ser furada para sair das trevas do ovo para a claridade da verdade, e você já está encostando na casca. É uma imagem muito antiga. O ovo é o mundo visível. O pintinho é o Amor, o Amor que é o próprio Deus e que habita no fundo de todos os homens, primeiro como germe invisível. Depois que a casca é furada, quando o ser sai de dentro, ele ainda tem por objeto esse mesmo mundo. Mas ele não está mais dentro. O espaço se abriu e despedaçou. O espírito, deixando o corpo miserável abandonado em um canto, é transportado a um ponto fora do espaço, que não é um ponto de vista, de onde não há perspectiva, de onde este mundo visível é visto de maneira real, sem perspectiva. O espaço tornou-se, com relação àquilo que ele era dentro do ovo, uma infinidade à segunda, ou melhor, à terceira potência. O instante é imóvel. Todo espaço está preenchido, mesmo se houver ruídos que se fazem ouvir, por um silêncio denso, que não é ausência de som, que é um objeto positivo de sensação, mais positivo do que um som, que é a palavra secreta, a palavra do Amor que desde a origem nos tem em seus braços.

Uma vez fora do ovo, você conhecerá a realidade da guerra, a realidade mais preciosa que se pode conhecer, porque a guerra é a própria irrealidade. Conhecer a realidade da guerra é a harmonia pitagórica, a unidade dos contrários; é a plenitude do conhecimento do real. É por essa razão que você é infinitamente privilegiado, pois tem a guerra permanentemente abrigada em seu corpo, que há anos aguarda fielmente que você esteja maduro para conhecê-la. Aqueles que tombaram ao seu lado não tiveram tempo para trazer de volta sobre seu destino a frivolidade errante de seus pensamentos. Todos aqueles que voltaram intactos mataram sua passagem pelo esquecimento, mesmo que eles tenham passado a aparência de lembrar-se, pois é a guerra do infortúnio, e é tão fácil dirigir voluntariamente o pensamento em direção ao infortúnio quanto persuadir um cão, sem que este tenha sido amestrado, a caminhar para um incêndio e ali se deixar carbonizar. Para pensar o infortúnio é preciso carregá-lo na carne, profundamente enterrado, como um prego, e carregá-lo durante muito tempo para que o pensamento tenha o tempo de tornar-se forte o suficiente para olhá-lo. Olhá-lo de fora, tendo conseguido sair do corpo e até mesmo, em um certo sentido, da alma. O corpo e a alma são não apenas trespassados, mas pregados a um lugar fixo. Que o infortúnio imponha ou não literalmente a imobilidade, há sempre uma imobilidade forçada no sentido de que uma parte da alma está sempre, continuamente, inseparavelmente, colada à dor. Graças a essa imobilidade, o grão infinitesimal do amor divino, jogado na alma, pode crescer à vontade e dar seus frutos na esperança, segundo a expressão divinamente bela do Evangelho. Traduzimos *in patientia*, mas υπομονή é algo completamente diferente. É permanecer no mesmo lugar, imóvel, na expectativa, sem ser abalado nem deslocado por nenhum choque vindo de fora.

Felizes aqueles para quem o infortúnio que entrou na carne é o infortúnio do próprio mundo em sua época. Esses têm a possibilidade e a função de conhecer na sua verdade, de contemplar na sua realidade o infortúnio do mundo. É a própria função redentora. Há vinte séculos, no Império Romano, o infortúnio da época era a escravidão, na qual a crucifixão era o termo extremo.

Mas infortunados aqueles que tendo essa função não a cumprem.

Quando você diz que não sente a distinção entre o bem e o mal, se formos tomar ao pé da letra, essas palavras não são sérias, já que você fala de um outro homem dentro de você, que é evidentemente o mal que existe dentro de si; você sabe – e caso não tenha certeza, um exame atento, ao menos na maior parte do tempo, pode fazer com que você saiba o que em seus pensamentos, suas palavras e seus atos alimenta esse outro às suas custas, e vice-versa. O que você quer dizer é que ainda não consentiu em reconhecer essa distinção como sendo a distinção entre o bem e o mal.

Esse consentimento não é fácil, pois é um compromisso sem volta. Há uma espécie de virgindade da alma para com o bem, que não é possível encontrar uma segunda vez após o consentimento ter sido dado, assim como a virgindade de uma mulher após ela ter cedido a um homem. Essa mulher pode tornar-se infiel, adúltera, mas ela nunca mais será virgem. Ela também tem medo quando vai dizer sim. O amor triunfa sobre esse medo.

Existe uma data para cada ser humano, desconhecida de todos e, antes de tudo, desconhecida por ele mesmo, mas totalmente determinada, além da qual a alma não pode mais preservar essa virgindade. Se antes desse instante preciso, eternamente marcado, ela não consentiu em ser invadida pelo bem, ela logo será arrebatada, apesar dela, pelo mal.

Um homem pode em qualquer momento da sua vida entregar-se ao mal, pois nos entregamos a ele na inconsciência e sem saber que introduzimos em nós uma autoridade exterior; a alma bebe um narcótico antes de entregar-lhe sua virgindade. Não é necessário ter dito sim ao mal para ser tomado por ele. Mas o bem só toma conta da alma quando ela diz sim. E o temor da união nupcial é tão grande, que nenhuma alma tem o poder de dizer sim ao bem enquanto a aproximação quase imediata do instante-limite, onde seu destino será eternamente determinado, não a apressar de maneira urgente. Para alguns, o instante-limite pode se dar na idade de 5 anos; entre outros, na idade de 60 anos. Aliás, não é possível situá-lo nem antes de ele ter sido atravessado, nem depois, pois essa escolha instantânea e eterna só surge refratada na duração. Entre aqueles que, muito antes do instante se aproximar, deixaram-se tomar pelo mal, o instante-limite não possui mais realidade. O máximo que um ser humano pode fazer é, até que o instante esteja próximo, manter intacta em si a faculdade de dizer sim ao bem.

Parece-me evidente que, para você, o instante-limite ainda não chegou. Não tenho o poder de escrutinar os corações, mas parece-me que há sinais de que ele não está longe. Sua faculdade para dar o consentimento está certamente intacta.

Penso que depois de ter consentido com o bem, você terá furado o ovo, talvez após um certo intervalo que será, sem dúvida, curto; no instante em que você estiver do lado de fora, esta bala que um dia entrou no meio do seu corpo será perdoada e, com ela, todo o universo que a dirigiu.

A inteligência tem um papel para preparar o consentimento nupcial a Deus: olhar o mal que carregamos em nós mesmos e odiá-lo. Não tentar nos livrar dele, simplesmente discerni-lo; e mesmo antes de ter dito sim ao seu contrário, manter ali seu olhar fixo tempo suficiente para sentir repulsa.

Acredito que talvez entre todos, mas sobretudo entre aqueles que o infortúnio tocou, e sobretudo se o infortúnio for biológico, a raiz do mal é o devaneio, é sonhar acordado. É o único consolo, a única riqueza dos infelizes, o único socorro para carregar o horrível peso do tempo; um socorro bastante inocente; aliás, indispensável. Como seria possível passar sem isso? Só há um inconveniente: ele não é real. Renunciar ao devaneio por amor à verdade é realmente abandonar todos seus bens pela loucura do amor e seguir aquele que é a Verdade em pessoa. E é realmente carregar a cruz. O tempo é a cruz.

Não devemos fazê-lo enquanto o instante-limite não estiver próximo, mas é preciso reconhecer o devaneio pelo que ele é; e mesmo enquanto estivermos sendo sustentados pelos devaneios, não devemos nos esquecer sequer um instante que sob todas as suas formas, as mais inofensivas em aparência pela puerilidade, as mais respeitáveis em aparência pela seriedade e pelas relações com a arte, ou o amor, ou a amizade (e para muitos, a religião), sob todas essas formas sem exceção, o devaneio é a mentira. Ele exclui o amor. O amor é real.

Eu não ousaria jamais falar dessa maneira com você se o meu espírito tivesse elaborado todos esses pensamentos. Mas, apesar de eu não querer receber nenhum crédito por tais impressões, eu realmente tenho, apesar de mim, o sentimento de que Deus, por amor a você, dirige-lhe todas essas reflexões por meu intermédio. Da mesma maneira, pouco importa que a hóstia consagrada seja feita de farinha de péssima qualidade, mesmo que essa farinha esteja meio estragada.

Voce diz que pago minhas qualidades morais pelo desafio para comigo mesma. Mas a explicação da minha atitude para comigo mesma, que não é de desafio, que é uma mistura de desprezo, ódio e repulsa, situa-se mais baixo, no nível dos mecanismos biológicos. É a dor física. Há doze anos sou habitada por uma dor situada em torno do ponto central do sistema nervoso, no ponto de junção da alma e do corpo, que perdura mesmo durante as horas de sono e não fica em suspenso por um segundo sequer. Durante dez anos ela foi tão grande e acompanhada por um tal sentimento de esgotamento, que na maior parte das vezes meus esforços de atenção e de trabalho intelectual eram quase tão desprovidos de esperança quanto os de um condenado à morte que será executado na manhã seguinte. Com muito mais frequência, eles surgem realmente estéreis e sem frutos, mesmo imediatos. Fui amparada pela fé, adquirida na idade de 14 anos, de que nenhum esforço de verdadeira atenção é perdido, mesmo que ele não tenha, nem direta nem indiretamente, nenhum resultado visível. No entanto, em dado momento, acreditei ser ameaçada, devido à exaustão e ao agravamento da dor, por uma falha tão hedionda de toda a alma que, durante várias semanas, eu me perguntei angustiada se morrer não seria para mim o mais imperioso dos deveres, apesar de ter me parecido terrível terminar minha vida no horror. Como eu lhe contei, apenas uma resolução de morte condicional me trouxe, com o tempo, serenidade.

Pouco tempo antes, tendo permanecido nesse estado físico já há alguns anos, fui operária em uma fábrica durante mais ou menos um ano, quando trabalhei em fábricas mecânicas da região parisiense. A combinação de experiência pessoal e decompaixão pela miserável massa humana que me cercava e com a qual eu estava, mesmo aos meus olhos, indistintamente confundida, fez entrar tão fundo no meu coração o infortúnio da degradação social, que desde então eu me sinto uma escrava, no sentido que os romanos davam a essa palavra.

Enquanto estava vivendo tudo isso, a própria palavra de Deus não ocupava nenhum lugar em meus pensamentos. Só passou a ocupar a partir do dia, há cerca de três anos e meio, em que não pude recusá-lo. Em um momento de intensa dor física, enquanto eu me esforçava por amar, mas sem acreditar que tinha o direito de dar um nome a esse amor, eu senti, sem estar preparada para isso –

pois eu ainda não tinha lido os místicos –, uma presença mais pessoal, mais evidente, mais real do que a de um ser humano, inacessível ao sentido e à imaginação, análoga ao amor que transparece através do mais terno sorriso de um ser amado. A partir desse instante o nome de Deus e o de Cristo se misturaram de maneira cada vez mais irresistível aos meus pensamentos.

Até aquele momento, minha única fé tinha sido o *amor fati* estoico, tal como fora compreendido por Marco Aurélio, e que eu sempre pratiquei fielmente. O amor para com a cidade do universo, país natal, pátria bem-amada de toda a alma, querida por sua beleza, na total integridade da ordem e da necessidade que são sua substância, com todos os acontecimentos que ali se produziram.

O resultado foi que a quantidade irredutível de ódio e de repulsa ligada ao sofrimento e ao infortúnio voltaram-se inteiramente sobre mim mesma. E foi uma quantidade muito grande, pois se trata de um sofrimento presente na própria raiz de cada pensamento, sem nenhuma exceção.

Chegou a um ponto no qual não consigo absolutamente imaginar a possibilidade de que algum ser humano sinta amizade por mim. Se acredito em sua amizade é apenas porque, tendo confiança em você e tendo recebido de você a certeza dessa amizade, minha razão me diz para acreditar. Mas para a minha imaginação ela não deixa de ser impossível.

Essa disposição da imaginação me faz votar um reconhecimento ainda mais terno àqueles que realizam essa coisa impossível. Pois para mim a amizade é um beneplácito incomparável, desmedido, uma fonte de vida, não metafórica, mas literalmente. Pois não apenas o meu corpo, mas minha própria alma, inteiramente envenenada pelo sofrimento, sendo inabitável para o meu pensamento, tem necessidade de se transportar para longe. Ela só consegue habitar em Deus durante curtos espaços de tempo. Ela habita frequentemente nas coisas. Mas seria contra a natureza que um pensamento humano não habitasse jamais algo humano. Assim, literalmente, a amizade dá ao meu pensamento toda a parte da sua vida que não lhe vem de Deus ou da beleza do mundo.

Você pode achar que esse é um cruel beneplácito que você me deu ao me conceder a sua amizade.

Digo essas coisas porque você pode compreendê-las, pois há no seu último livro uma frase na qual eu me reconheci, sobre o erro em que se encontram seus amigos quando acreditam que você existe. Essa é uma disposição da sensibilidade, inteligível apenas àqueles para quem a própria existência é direta e continuamente sentida como sendo um mal. Fácil demais, talvez. Quiçá não haja aí nenhum mérito. No entanto, eu acredito que essa facilidade é um imenso favor.

Estou convencida de que, de um lado, o infortúnio, do outro, a alegria como adesão total e pura à perfeita beleza, ambos implicando a perda da existência pessoal, são as duas únicas chaves pelas quais entramos no país puro, o país respirável, o país do real.

Mas é preciso que um e outro não estejam misturados, a alegria sem nenhuma sombra de insatisfação, o infortúnio sem nenhum consolo.

Você me compreende: esse amor divino que tocamos no fundo do infortúnio, como a ressurreição da Cristo através da crucifixão, e que constitui a essência não sensível e o núcleo central da alegria, não é um consolo. Ele deixa a dor completamente intacta.

Vou lhe dizer algo difícil de pensar, mais difícil ainda de dizer, quase intoleravelmente difícil de dizer àqueles que amamos. Para quem quer que esteja no infortúnio, o mal talvez possa ser definido como tudo aquilo que busca consolo.

As alegrias puras que, segundo cada caso, o substituem durante algum tempo ou se superpõem ao sofrimento, não são consolos. Pelo contrário, podemos frequentemente encontrar um consolo em uma espécie de agravamento mórbido do sofrimento. Tudo isso é claro para mim, mas não sei se expresso essas reflexões de maneira conveniente.

A preguiça, a queda na inércia, tentação à qual eu sucumbo muito frequentemente, quase todos os dias, eu poderia dizer, todas as horas, é uma forma particularmente desprezível de consolo. Isso me obriga a me desprezar.

Eu me dou conta de que não respondi à sua carta e, no entanto, tenho muitas coisas a dizer. Vou deixar para uma próxima vez. Hoje me contentarei em agradecer-lhe.

Atenciosamente,

Simone Weil

Envio em anexo o poema inglês que eu lhe recitei, *Love*; ele teve um grande papel em minha vida, pois eu estava ocupada em recitá-lo para mim mesma no momento em que, pela primeira vez, Cristo se apoderou de mim. Eu acreditava estar apenas repetindo um belo poema, mas, sem me dar conta, era uma oração[5*].

5.* Transcrevemos aqui o poema a que Simone Weil se refere: Amor // O Amor me acolheu; no entanto, minha alma recuou sentindo-se culpada do pó e do pecado. / Mas o Amor clarividente, vendo-me hesitar desde minha primeira entrada, / aproximou-se de mim, perguntando suavemente se algo me faltava. // "Um convidado, eu respondi, digno de estar aqui." / O Amor disse: "Tu serás esse convidado". / "Eu, o malvado, o ingrato? Ah, meu amado, eu não posso olhá-lo." / O Amor tomou minha mão e respondeu sorrindo: "Quem fez esses olhos senão eu?" // "É verdade, Senhor, mas eu os maculei; que minha vergonha vá ali onde ela merece estar." / "E tu não sabes, disse o Amor, que Ele tomou para si a culpa?" / "Meu amado, então eu servirei." / "É preciso sentar-se, disse o Amor, e provar minha comida." / Então eu me sentei e eu comi [N. do editor].

IX
O amor de Deus e o infortúnio

No campo do sofrimento, o infortúnio é uma coisa à parte, específica, irredutível. É algo completamente diferente do que o simples sofrimento. Ele toma conta da alma e a fere, até o seu âmago, com uma marca que só pertence a ele, a marca da escravidão. A escravidão tal como foi praticada na Roma antiga é apenas a forma extrema do infortúnio. Os antigos, que conheciam bem a questão, diziam: "Um homem perde a metade da sua alma no dia em que se torna escravo".

O infortúnio é inseparável do sofrimento físico, e, no entanto, completamente distinto. No sofrimento, tudo que não está ligado à dor física ou a algo parecido é artificial, imaginário, e pode ser aniquilado por uma disposição conveniente do pensamento. Mesmo na ausência ou na morte de um ser amado, a parte irredutível da dor é algo semelhante à dor física, uma dificuldade em respirar, um torniquete em volta do coração, ou uma necessidade insaciada, uma fome ou uma desordem quase biológica causada pela liberação brutal de uma energia até então orientada por um apego e que não é mais dirigida a um objeto particular. Uma dor que não seja agrupada em volta de um tal centro irredutível é simplesmente romantismo, literatura. A humilhação também é um estado violento de todo ser corporal, que quer pular sobre o ultraje, mas deve se conter, obrigado pela impotência ou o medo.

Em contrapartida, uma dor apenas física é muito pouca coisa e não deixa nenhuma marca na alma. A dor de dente é um bom exemplo. Algumas horas de dor violenta causadas por um dente doente, depois que passa, nada mais significa.

Algo completamente diverso acontece quando se trata de um sofrimento físico muito prolongado ou muito frequente. Mas frequentemente tal sofrimento é completamente diferente de um sofrimento; amiúde, é uma infelicidade, um infortúnio.

O infortúnio é um desenraizamento da vida, um equivalente mais ou menos atenuado da morte, que se tornou irresistivelmente presente à alma pela espera ou a apreensão imediata da dor física. Se a dor física estiver totalmente ausente, não há infortúnio para a alma, pois o pensamento vai ser atraído por qualquer outro objeto. O pensamento foge do infortúnio prontamente, tão irresistivelmente quanto um animal foge da morte. Aqui embaixo há apenas a dor física, e nada mais tem a propriedade de encadear o pensamento; com a condição de que assimilemos à dor física certos fenômenos difíceis de descrever, mas que são sentidos no corpo e que são rigorosamente iguais. A apreensão da dor física, particularmente, é dessa espécie.

Quando o pensamento é obrigado, devido ao alcance da dor física, mesmo sendo essa uma dor leve, a reconhecer a presença do infortúnio, produz-se um estado tão violento como o de um condenado obrigado a olhar durante horas a guilhotina que vai lhe cortar o pescoço. Os seres humanos podem viver 20 anos, 50, nesse estado violento. Passamos ao largo deles sem perceber. Qual homem será capaz de discerni-los se o próprio Cristo não olhar através dos seus olhos? Percebemos apenas que eles têm por vezes um comportamento estranho e culpamos esse comportamento.

Só há realmente infortúnio se o acontecimento que tomou conta de uma vida e a desenraizou atingir direta ou indiretamente todas as suas partes: sociais, psicológicas, físicas. O fator social é essencial. Não há realmente infortúnio onde não houver, sob uma forma qualquer, decadência social ou apreensão de tal decadência.

Entre o infortúnio e todos os males que, mesmo sendo muito violentos, muito profundos, muito duráveis, são uma coisa diferente do infortúnio propriamente dito, há, ao mesmo tempo, continuidade e separação feita por um portal, como para a temperatura de ebulição da água. Há um limite além do qual se encontra o infortúnio, mas não deste lado de cá. Esse limite não é puramente objetivo; todos os tipos de fatores pessoais entram nessa conta. O mesmo acontecimento pode precipitar um ser humano no infortúnio, mas não um outro.

O grande enigma da vida humana não é o sofrimento, é o infortúnio. Não devemos nos surpreender que inocentes sejam mortos, torturados, expulsos de seus países, reduzidos à miséria ou à escravidão, fechados em campos ou em calabouços, já que encontramos criminosos para cumprir essas ações. Tampouco é surpreendente que a doença imponha longos sofrimentos que paralisam a vida e dão a ela uma imagem da morte, já que a natureza é submissa a um jogo cego de necessidades mecânicas. Mas é surpreendente que Deus tenha dado ao infortúnio o poder de capturar a própria alma dos inocentes e apoderar-se dela como mestre soberano. Na melhor das hipóteses, quem foi marcado pelo infortúnio manterá apenas a metade da sua alma.

Aqueles que vivenciaram um desses golpes que deixa o ser se debatendo sobre o chão como um verme meio esmagado, não têm palavras para expressar o que lhes aconteceu. Dentre as pessoas que eles encontram, aqueles que, mesmo tendo sofrido muito, jamais tiveram contato com o infortúnio propriamente dito, não tem nenhuma ideia do que seja. É algo específico, irredutível a qualquer outra coisa, assim como não é possível dar a um surdo-mudo a ideia do que seja o som. E aqueles que foram mutilados pelo infortúnio não têm condições de levar socorro a quem quer que seja e são praticamente incapazes até mesmo de desejar o socorro. Assim, a compaixão para com os infelizes é uma impossibilidade. Quando ela realmente se produz, é um milagre mais surpreendente do que caminhar sobre as águas, a cura dos enfermos e até mesmo a ressurreição de um morto.

O infortúnio obrigou Cristo a suplicar para ser poupado, a procurar consolo junto aos homens, a se acreditar abandonado pelo seu Pai. Ele obrigou um justo a gritar contra Deus, um justo tão perfeito quanto a natureza, talvez ainda mais, se Jó for menos uma figura histórica do que uma figura de Cristo. "Ele ri do infortúnio dos inocentes." Não é uma blasfêmia, é um grito autêntico arrancado da dor. O Livro de Jó, do início ao fim, é uma pura maravilha de verdade e autenticidade. Com relação ao infortúnio, tudo o que se afasta desse modelo é mais ou menos maculado pela mentira.

A infelicidade torna Deus ausente durante um tempo, mais ausente do que um morto, mais ausente do que a luz em uma masmorra completamente tenebrosa. Uma espécie de horror submerge toda a alma. Durante essa ausência não há nada a amar. O mais terrível é que se a alma deixar de amar nessas trevas onde não há nada a amar, a ausência de Deus se tornará definitiva. É preciso que a alma continue a amar no vazio ou ao menos que ela queira amar, mesmo com uma parte infinitesimal de si mesma. Então, um dia, Deus virá se mostrar a ela e revelar-lhe a beleza do mundo, como aconteceu com Jó. Mas se a alma parar de amar, ela cairá em algo quase igual ao inferno.

É por essa razão que, aqueles que precipitam na infelicidade seres humanos não preparados para receber o infortúnio, estão matando almas. Por outro lado, em uma época como a nossa, na qual a infelicidade paira sobre todos, o socorro trazido às almas só é eficaz se ele conseguir prepará-las realmente ao infortúnio. Não é pouca coisa.

O infortúnio endurece e desespera porque ele imprime até o fundo da alma, como um ferro em brasa, esse desprezo, esse desgosto e até mesmo essa repulsa por si mesmo, essa sensação de culpa e de mácula, que o crime deveria naturalmente produzir e não produz. O mal habita a alma do criminoso sem ser sentido. Ele é sentido na alma do inocente infeliz e desafortunado. Tudo se passa como se o estado da alma que, pela sua essência convém ao criminoso, tivesse sido separado do crime e ligado ao infortúnio, mesmo às custas da inocência dos infelizes.

Se Jó grita sua inocência em um tom tão desesperado, é porque ele mesmo não consegue acreditar na sua inocência; nele, a sua alma toma o partido dos seus amigos. Ele implora o testemunho do próprio Deus, porque ele não escuta mais o testemunho da sua própria consciência; para ele, não passa de uma lembrança abstrata e morta.

A natureza carnal do homem lhe é comum à do animal. As galinhas se precipitam dando bicadas em uma galinha ferida. É um fenômeno tão mecânico quanto a gravidade. Todo o desprezo, toda a repulsa, todo o ódio que nossa razão associa ao crime, nossa sensibilidade associa ao infortúnio. Com exceção daqueles cuja alma é totalmente ocupada por Cristo, todo mundo despreza mais ou menos os infelizes, apesar de quase ninguém ter consciência disso.

Essa lei da nossa sensibilidade também vale para conosco. Entre os infelizes, esse desprezo, essa repulsa e esse ódio voltam-se contra eles mesmos, penetra o centro da alma e dali pinta com sua coloração venenosa o universo inteiro. O amor sobrenatural, caso ele tenha sobrevivido, pode impedir esse segundo efeito, mas não o primeiro. O primeiro é a própria essência da infelicidade; não há infelicidade onde ela não se produz.

"Foi jogada uma maldição sobre nós." Não é apenas o corpo de Cristo, suspenso sobre a madeira que foi amaldiçoado, mas toda a sua alma. Da mesma maneira, todo inocente que passa pelo infortúnio sente-se maldito. Isso é verdade até mesmo para aqueles que estavam no infortúnio e dali saíram devido a uma mudança da sorte, caso eles tenham sido profundamente atingidos.

Um outro efeito do infortúnio é tornar a alma sua cúmplice, pouco a pouco; ali injetando o veneno da inércia. Qualquer um que tenha sido infeliz tempo suficiente é cúmplice do seu próprio infortúnio. Essa cumplicidade entrava todos os esforços que ela poderia fazer para melhorar seu destino; ela chega até mesmo a impedir a busca por meios para se libertar, às vezes impede até mesmo o desejo da libertação. A pessoa estará, então, instalada na infelicidade e os outros podem acreditar que ela está satisfeita. Mais ainda, essa cumplicidade pode compelir o infeliz, a contragosto, a evitar, a fugir dos meios para se libertar; ele se esconde, então, sob pretextos por vezes ridículos. Mesmo aquele que saiu do infortúnio, caso ele tenha sido mordido para sempre até o âmago da sua alma, ali subsistirá algo que o impele a se precipitar novamente no infortúnio, como se a infelicidade estivesse instalada nele como um parasita e o dirigisse aos seus próprios fins. Por vezes esse impulso o arrebata e leva a melhor sobre todos os movimentos da alma que buscam a felicidade. Se a infelicidade chegou ao fim devido a uma boa ação, ela pode vir acompanhada de ódio contra o benfeitor; esta é a causa de certos atos de ingratidão selvagem aparentemente inexplicáveis. Às vezes é fácil libertar um infeliz do seu infortúnio presente, mas é difícil libertá-lo do seu infortúnio passado. Apenas Deus pode fazê-lo. A própria graça de Deus não cura aqui embaixo a natureza irremediavelmente ferida. O corpo glorioso de Cristo carregava as chagas.

Só podemos aceitar a existência do infortúnio olhando-o com uma distância.

Deus criou por amor, para o amor. Deus não criou outra coisa senão o próprio amor e os meios do amor. Ele criou todas as formas de amor. Ele criou seres capazes de amor em todas as distâncias possíveis. Ele mesmo foi, pois ninguém mais poderia fazê-lo, a distância máxima, a distância infinita. Essa distância infinita entre Deus e Deus, supremo despedaçamento, dor à qual nenhuma outra poderia se igualar, maravilha do amor, é a crucifixão. Nada pode estar mais longe de Deus do que aquilo que foi amaldiçoado.

Acima desse despedaçamento o amor supremo faz o vínculo com a suprema união, ressoando perpetuamente através do universo, no fundo do silêncio, como duas notas separadas e reunidas, como uma harmonia pura e despedaçadora. Essa é a Palavra de Deus. A criação inteira é apenas sua vibração. Quando a música humana, em sua maior pureza, atravessa nossa alma, é isso que ouvimos através dela. Quando aprendemos a ouvir o silêncio, é isso que captamos, mais distintamente, através dele.

Aqueles que perseveram no amor escutam essa nota no fundo do desespero onde o infortúnio os colocou. A partir desse momento, eles não podem ter mais nenhuma dúvida.

Os homens atingidos pelo infortúnio estão aos pés da cruz, quase na maior distância possível de Deus. Não devemos acreditar que o pecado seja uma distância maior. O pecado não é uma distância. É uma má orientação do olhar.

Existe, é verdade, uma ligação misteriosa entre essa distância e uma desobediência original. Desde a origem, nos é dito que a humanidade desviou seu olhar de Deus e caminhou na má direção tão longe quanto possível. É porque ela ainda podia caminhar. Nós estamos pregados no mesmo lugar, livres apenas dos nossos olhares, submetidos à necessidade. Um mecanismo cego, que não dá conta do grau de perfeição espiritual, joga os seres humanos continuamente de um lado para o outro e joga alguns aos pés da cruz. Depende apenas de eles manterem os olhos voltados para Deus enquanto são sacudidos. A Providência de Deus não está ausente. É pela sua Providência que Deus quis a necessidade como um mecanismo cego.

Se o mecanismo não fosse cego, não haveria infortúnio. O infortúnio é, antes de tudo, anônimo; ele priva da sua personalidade aqueles que ele toma para si e faz deles coisas. Ele é indiferente e é o frio desta indiferença; um frio metálico que congela até ao fundo da alma todos aqueles que ele toca. Eles nunca mais encontrarão calor. Eles nunca mais acreditarão que são alguém.

O infortúnio não teria essa característica sem a parte do acaso que ele encerra em si. Aqueles que são perseguidos pela sua fé e sabem disso, não são infelizes, mesmo quando o sofrimento é inevitável. Eles cairão no infortúnio apenas se o sofrimento ou o medo ocuparem a alma a ponto de fazer com que eles esqueçam a causa da perseguição. Os mártires entregues às feras que entravam na arena cantando não eram desafortunados. Cristo era um desafortunado. Ele não morreu como um mártir. Ele morreu como um criminoso de direito comum, misturado aos ladrões, apenas um pouco mais ridículo. Pois o infortúnio é ridículo.

Apenas a necessidade cega pode jogar os homens ao ponto da extrema distância, sempre ao lado da cruz. Os crimes humanos, que são a principal causa dos infortúnios, fazem parte da necessidade cega, pois os criminosos não sabem o que fazem.

Há duas formas de amizade: o encontro e a separação. Elas são indissolúveis. Ambas encerram o mesmo bem, o bem único, a amizade. Pois quando dois seres que não são amigos estão próximos, não há encontro. Quando eles estão afastados, não há separação. Contendo o mesmo bem, eles são igualmente bons.

Deus se produz e conhece a si mesmo perfeitamente, assim como nós fabricamos e conhecemos miseravelmente os objetos fora de nós. Mas antes de tudo, Deus é amor. Antes de tudo, Deus ama a si mesmo. Esse amor, essa amizade em Deus, é a Trindade. Entre os termos unidos por essa relação de amor divino há mais do que proximidade; há proximidade infinita, identidade. Mas pela Criação, Encarnação e Paixão há também uma distância infinita. A totalidade do espaço, a totalidade do tempo, ao interporem sua espessura, colocam uma distância infinita entre Deus e Deus.

Os amantes, os amigos, têm dois desejos. O primeiro desejo é se amarem tanto, que eles entrem um no outro e façam um único ser. O outro desejo é se amarem tanto que, tendo entre eles a metade do globo terrestre, sua união não sofra nenhuma diminuição. Tudo o que o homem deseja de maneira vã aqui embaixo é perfeito e real em Deus. Todos esses desejos impossíveis estão em nós como uma marca da nossa destinação, e eles são bons para nós desde que não esperemos realizá-los.

O amor entre Deus e Deus, que é o próprio Deus, é esse vínculo de dupla virtude; esse elo que une dois seres a ponto de eles não serem mais discerníveis e passarem a ser apenas um único ser; esse vínculo que se estende além da distância e triunfa sobre uma separação infinita. A unidade de Deus onde desaparece toda pluralidade, o abandono onde acreditamos encontrar Cristo sem deixar de amar perfeitamente o seu Pai, são duas formas de virtude divina do mesmo Amor, que é o próprio Deus.

Deus é tão essencialmente amor que a unidade, que em um certo sentido é sua própria definição, é um simples efeito do amor. E à infinita virtude unificadora deste amor corresponde a infinita separação sobre a qual ela triunfa, que é toda a criação, exposta através da totalidade do espaço e do tempo, feita de matéria mecanicamente brutal, interposta entre Cristo e o seu Pai.

Nossa miséria dá a nós, seres humanos, o privilégio infinitamente precioso de tomar parte dessa distância colocada entre o Filho e o Pai. Mas essa distância só é separação para aqueles que amam. Para aqueles que amam, a separação, mesmo dolorosa, é um bem, pois ela é amor. O próprio desespero de Cristo abandonado é um bem. Não pode haver para nós aqui embaixo bem maior do que tomar parte desse bem. Deus não pode estar perfeitamente presente para nós aqui embaixo por causa da carne. Mas no extremo infortúnio Ele pode estar quase perfeitamente ausente. Para nós, que estamos sobre a terra, essa é a única possibilidade de perfeição. Por essa razão, a cruz é nossa única esperança. "Nenhuma floresta carrega uma tal árvore, com esta flor, esta folhagem e este gérmen."

Este universo onde vivemos, do qual somos um fragmento, é esta distância colocada pelo Amor divino entre Deus e Deus. Nós somos um ponto nessa distância. O espaço, o tempo e o mecanismo que governa a matéria são essa distância. Tudo o que chamamos de mal nada mais é do que esse mecanismo. Deus agiu de tal modo, que a sua graça, quando penetra no próprio centro do ser humano e dali ilumina todo seu ser, permite-lhe, sem violar as leis da natureza, caminhar sobre as águas. Mas quando um ser humano se afasta de Deus, ele se entrega simplesmente à gravidade. Ele acredita poder querer e escolher, mas ele não passa de uma coisa, uma pedra que cai. Se olharmos de perto, com um olhar realmente atento, as almas e as sociedades humanas, veremos que por todo lado onde a virtude da luz sobrenatural está ausente, tudo obedece a leis mecânicas tão cegas e tão precisas quanto as leis da queda dos corpos. Esse saber é benéfico e necessário. Aqueles que chamamos de criminosos não passam de telhas caindo ao acaso, que o vento soltou do telhado. Sua única culpa é a escolha inicial que fez deles telhas.

O mecanismo da necessidade se transpõe a todos os níveis, permanecendo semelhante na matéria bruta, nas plantas, nos animais, nos povos, nas almas. Visto do ponto de vista onde estamos, segundo a nossa perspectiva, ele é completamente cego. Mas se transportarmos nosso coração para fora de nós mesmos, para fora do universo, fora do espaço e do tempo, ali onde está nosso Pai, e se de lá olharmos esse mecanismo, ele aparecerá de maneira totalmente diversa. O que parecia necessidade torna-se obediência. A matéria é inteiramente passividade e, consequentemente, inteiramente obediência à vontade de Deus. Para nós, ela é um modelo perfeito. Não pode haver outro ser além de Deus e daquele que obedece a Deus. Pela sua perfeita obediência, a matéria merece ser amada por aqueles que amam o seu Mestre, como um amante olha com ternura a agulha que foi utilizada pela mulher amada que está morta. Dessa forma, nós somos advertidos que ela merece o nosso amor pela beleza do mundo. Na beleza do mundo, a necessidade bruta torna-se objeto de amor. Nada é belo como o peso nas dobras fugidias das ondulações do mar ou as dobras quase eternas das montanhas.

O mar não é menos belo aos nossos olhos por sabermos que por vezes os barcos nele soçobram. Pelo contrário, ele é ainda mais belo. Se ele modificasse o movimento das suas ondas para poupar um barco, ele seria um ser dotado de discernimento e de escolha, e não esse fluido perfeitamente obediente a todas as pressões externas. Essa perfeita obediência é a sua beleza.

Todos os horrores que se produzem neste mundo são como as dobras impressas nas ondas pela gravidade. É por isso que elas encerram em si a beleza. Por vezes, um poema, como *A ilíada*, torna essa beleza sensível. O homem jamais pode sair da obediência a Deus, uma criatura não pode deixar de obedecer. A única escolha deixada ao ser humano como criatura inteligente e livre é desejar a obediência ou não desejá-la. Se ele não a desejar, ele a obedecerá de qualquer maneira, perpetuamente, enquanto coisa submissa à necessidade mecânica. Se ele a desejar, ele permanecerá submisso à necessidade mecânica, mas uma nova necessidade será acrescentada, uma necessidade constituída pelas leis próprias às coisas sobrenaturais. Certas ações se tornam impossíveis, outras se realizam através do ser humano, por vezes quase, apesar dele.

Quando temos a sensação de que em uma determinada ocasião desobedecemos a Deus, isso simplesmente quer dizer que durante um tempo paramos de desejar a obediência. É claro, sendo todas as coisas iguais, um ser humano não realiza as mesmas ações quer ele consinta ou não à obediência; da mesma maneira, uma planta, sendo todas as coisas iguais, não cresce da mesma maneira, caso ela esteja na luz ou na escuridão. A planta não exerce nenhum controle, nenhuma escolha, na questão do seu próprio crescimento. Nós somos como plantas que têm como única escolha expor-se ou não à luz.

Cristo nos propôs como modelo a docilidade da matéria nos aconselhando a olhar os lírios do campo que não trabalham nem fiam. Ou seja, eles não se propuseram a se revestir de tal ou tal cor, eles não colocaram em movimento sua vontade nem dispuseram de bens para esse fim; eles receberam tudo que a necessidade natural lhes trouxe. Se eles nos parecem infinitamente mais belos do que os ricos tecidos, não é por eles serem mais ricos; é devido a esta docilidade. O tecido também é dócil; mas dócil ao homem, não a Deus. A matéria não é bela quando ela obedece ao homem, apenas quando ela obedece a Deus. Se por vezes, em uma obra de arte, ela surge quase tão bela quanto o mar, as montanhas ou as flores, é porque a luz de Deus preencheu o artista. Para achar belas as coisas fabricadas por seres humanos não iluminados por Deus é preciso ter compreendido com toda alma que esses próprios seres humanos não passam de matéria que obedece sem saber que está obedecendo. Para aquele que possui essa compreensão, absolutamente tudo aqui embaixo é perfeitamente belo. Em tudo aquilo que existe, em tudo aquilo que se produz, ele discerne o mecanismo da necessidade e saboreia na necessidade a doçura infinita da obediência. Essa obediência das coisas é para nós, com relação a Deus, aquilo que a transparência de um vitral é com relação à luz. Desde que sintamos essa obediência com todo nosso ser, nós veremos a Deus.

Quando seguramos um jornal de cabeça para baixo, vemos as formas estranhas dos caracteres impressos. Quando o colocamos do lado correto, não vemos mais os caracteres, vemos as palavras. O passageiro de um barco tomado por uma tempestade sente cada sacudidela como uma perturbação em suas entranhas. O capitão capta apenas a combinação complexa do vento, das correntes, dos vagalhões, com a disposição do barco, sua forma, seu velame, seu leme.

Assim como aprendemos a ler, assim como aprendemos uma profissão, da mesma maneira aprendemos a sentir em todas as coisas, antes de tudo e quase unicamente, a obediência do universo a Deus. É realmente um aprendizado. Como todo aprendizado, é necessário esforço e tempo. Para quem chegou a termo, não há mais diferença entre as coisas e entre os acontecimentos, além da diferença sentida por alguém que sabe ler uma mesma frase reproduzida diversas vezes, escrita com tinta vermelha, com tinta azul, impressas nessas ou naquelas fontes e caracteres. Quem não sabe ler só vê as diferenças. Já para quem sabe ler, tudo isso se equivale, já que a frase é a mesma. Para quem concluiu o aprendizado, as coisas e os acontecimentos, em qualquer lugar, sempre, são a vibração da mesma palavra divina infinitamente doce. Isso não quer dizer que não haja sofrimento. A dor é a coloração de certos acontecimentos. Diante de uma frase escrita com tinta vermelha, aquele que sabe ler e aquele que não sabe, veem o vermelho da mesma maneira; mas a coloração vermelha não tem a mesma importância para um e para outro.

Quando um aprendiz se fere ou se queixa de cansaço, os operários, os camponeses têm estas belas palavras: "É o trabalho que está entrando no corpo". Cada vez que suportamos uma dor, nós podemos dizer de maneira fidedigna que o universo, a ordem do mundo, a beleza do mundo, a obediência da criação a Deus entram em nosso corpo. A partir desse momento, como poderíamos deixar de abençoar com o mais terno reconhecimento o Amor que nos envia esse dom?

A alegria e a dor são dons igualmente preciosos; é preciso saborear um e outro integralmente, cada um na sua pureza, sem buscar misturá-los. Através da alegria, a beleza do mundo penetra em nossa alma. Pela dor, ela entra em nosso corpo. Apenas com a alegria não poderíamos nos tornar amigos de Deus, assim como não nos tornamos capitão apenas estudando os manuais de navegação. O corpo faz parte de todo esse aprendizado. No nível da sensibilidade física, apenas a dor é um contato com essa necessidade que constitui a ordem do mundo; pois o prazer não contém a impressão de uma necessidade. A parte mais elevada da sensibilidade é capaz de sentir a necessidade na alegria, mas apenas pelo intermédio do sentimento do belo. Para que o nosso ser torne-se um dia inteiramente sensível, de uma parte à outra, a essa obediência que é a substância da matéria, para que se forme em nós esse sentido novo que permite escutar o universo como sendo a vibração da palavra de Deus, a virtude transformadora da dor e da alegria são igualmente indispensáveis. É preciso abrir-se, abrir o próprio centro da alma, para uma e para outra quando uma ou outra se apresenta, assim como abrimos nossa porta aos mensageiros daquele que amamos. O que importa a uma amante que o mensageiro seja educado ou bruto, se ele lhe traz uma mensagem?

Mas o infortúnio não é a dor. O infortúnio é uma coisa muito diferente de um procedimento pedagógico de Deus.

A infinidade do tempo e do espaço nos separam de Deus. Como poderíamos buscá-lo? Como iríamos até Ele? De todo modo, nós caminharíamos ao longo dos séculos, não faríamos outra coisa senão girar em torno da Terra. Mesmo se estivéssemos de avião, não poderíamos fazer outra coisa. Estamos fora do estado onde podemos avançar verticalmente. Não podemos dar um passo rumo aos céus. Deus atravessa o universo e vem até nós.

Acima da infinidade do espaço e do tempo, o amor incessantemente mais infinito de Deus vem nos capturar.

Ele vem na sua hora. Nós temos o poder de consentir em acolhê-lo ou recusá-lo. Se permanecermos surdos, Ele continuará voltando como um mendigo, mas também como um mendigo, um dia Ele não voltará mais. Se consentirmos, Deus colocará em nós um pequeno grão e irá embora. A partir desse momento, Deus não tem mais nada a fazer e nós tampouco, senão esperar. Devemos apenas não lamentar o consentimento que demos, o sim nupcial. Não é tão fácil quanto parece, pois o crescimento do grão em nós é doloroso. Pelo próprio fato de aceitarmos esse crescimento, nós não podemos deixar de destruir aquilo que incomoda, arrancar as ervas daninhas, cortar a tiririca; mas infelizmente as ervas daninhas fazem parte da nossa própria carne, de modo que os cuidados do jardineiro são uma operação violenta. No entanto, o grão, no final das contas, crescerá sozinho. Virá um dia em que a alma pertencerá a Deus, onde não apenas ela consentirá com o amor, mas onde realmente, efetivamente, ela amará. Será preciso, então, por sua vez, que ela atravesse o universo para chegar até Deus. A alma não ama como criatura de um amor criado. Esse amor nela é divino, incriado, pois é o amor de Deus por Deus que passa através dela. Apenas Deus é capaz de amar Deus. Nós podemos apenas consentir em perder nossos sentimentos próprios para dar passagem em nossa alma a esse amor. Isso é negar a si mesmo. Nós só somos criados devido a esse consentimento.

O amor divino atravessou a infinidade do espaço e do tempo para ir de Deus e chegar até nós. Mas como ele pode refazer o trajeto no sentido inverso partindo de uma criatura finita? Quando o grão de amor divino depositado em nós cresceu, tornou-se uma árvore; como podemos, nós que o carregamos, relacioná-lo com sua origem, fazer em sentido inverso a viagem que Deus fez em nossa direção, atravessar a distância infinita?

Isso parece impossível, mas há um meio. Esse meio, nós o conhecemos bem. Sabemos bem o que é essa árvore que cresceu em nós; essa árvore tão bela, na qual os pássaros do céu vêm pousar. Nós sabemos qual é a mais bela de todas as árvores. "Nenhuma floresta é igual." Algo ainda um pouco mais assustador do que uma forca, eis a mais bela das árvores. É essa árvore cuja semente Deus colocou em nós, sem que nós soubéssemos que ela era essa semente. Se soubéssemos, não teríamos dito sim no primeiro momento. É essa árvore que cresceu em nós, cuja raiz é impossível arrancar. Apenas uma traição poderá desenraizá-la.

Quando batemos com um martelo em um prego, o choque recebido pela grande cabeça passa inteiramente na ponta, sem que nada se perca, apesar de ela ser apenas um ponto. Se o martelo e a cabeça do prego fossem infinitamente grandes, tudo aconteceria da mesma maneira. A cabeça do prego transmitiria ao ponto sobre o qual é aplicado esse choque infinito.

A extrema infelicidade, que é ao mesmo tempo dor física, desespero da alma e degradação social, constitui esse prego. A ponta é aplicada no próprio centro da alma. A cabeça do prego é toda a necessidade esparsa através da totalidade do espaço e do tempo.

O infortúnio é uma maravilha da técnica divina. É um dispositivo simples e engenhoso que faz entrar na alma de uma criatura finita essa imensidão de força cega, brutal e fria. A distância infinita que separa Deus da criatura se reúne inteiramente em um ponto para atravessar uma alma em seu centro.

O homem que vive esse acontecimento não toma parte dessa operação. Ele se debate como uma borboleta que pregamos viva com um alfinete dentro de um álbum. Mas ela pode, através do horror, continuar a querer amar. Não existe aí nenhuma impossibilidade, nenhum obstáculo; poderíamos quase dizer, nenhuma dificuldade. Pois a maior dor, contanto que esteja abaixo do desfalecimento, não toca nesse ponto da alma que consente em uma boa orientação.

É preciso apenas saber que o amor é uma orientação, e não um estado de alma. Se ignorarmos isso, cairemos no desespero ao primeiro ataque da infelicidade.

Aquele cuja alma permanece orientada para Deus enquanto é atravessada por um prego, encontra-se pregado sobre o próprio centro do universo. É o verdadeiro centro, que não está no meio, que está fora do espaço e do tempo, que é Deus. Segundo uma dimensão que não pertence ao espaço, que não é o tempo, que é uma dimensão completamente diversa, esse prego perfurou um buraco através da criação, através da espessura da tela que separa a alma de Deus.

Por essa dimensão maravilhosa, a alma pode, sem deixar o lugar e o instante onde se encontra o corpo ao qual ela está ligada, atravessar a totalidade do espaço e do tempo e chegar diante da própria presença de Deus.

Ela se encontra na intersecção entre a criação e o Criador. Esse ponto de intersecção é o cruzamento dos braços da cruz.

Talvez São Paulo sonhasse com coisas desse gênero quando disse: "Estejais enraizados no amor, para seres capazes de compreender o que são a largura, o comprimento, a altura e a profundidade, e conhecer aquilo que ultrapassa todo conhecimento, o amor de Cristo".

X
Páginas reencontradas dando sequência ao amor de Deus e ao infortúnio

Para estar, em caso de extremo infortúnio, pregado sobre a própria cruz de Cristo, é preciso carregar em sua alma, no momento em que o infortúnio se instala, não apenas o grão divino, mas a árvore da vida já formada.

De outra maneira, teremos a escolha entre as cruzes que estavam ladeando, de um e outro lados, a cruz do Cristo.

Nos parecemos com o mau ladrão quando buscamos consolo no desprezo e no ódio pelos companheiros de infortúnio. Esse é o efeito mais comum do verdadeiro infortúnio e infelicidade. Esse era o caso da escravidão em Roma. Quase todos os que se surpreendem ao perceber um tal estado de espírito entre os infelizes e desafortunados, cairiam nesse mesmo estado se o infortúnio os tocasse.

Para sermos parecidos com o bom ladrão, basta nos darmos conta de que, não importa em qualquer grau de infelicidade tenhamos mergulhado, nós ao menos merecemos aquele infortúnio. Pois antes de sermos reduzidos à impotência pelo infortúnio, certamente nos tornamos cúmplices por covardia, inércia, indiferença ou ignorância culpada, de crimes que colocaram outros em um infortúnio de pelo menos igual dimensão. Sem dúvida, geralmente não seria possível impedir esses crimes, mas podíamos dizer que os censurávamos. Nós nos omitimos de fazê-lo, ou até mesmo os aprovamos, ou ao menos deixamos que dissessem à nossa volta que eles eram aprovados. O infortúnio que sofremos não é, de um ponto de vista estritamente da justiça, um castigo grande demais por essa cumplicidade. Não temos o direito de ter compaixão por nós mesmos. Sabemos que ao menos uma vez um ser perfeitamente inocente sofreu um infortúnio pior; é melhor dirigir-lhe a compaixão através dos séculos.

Cada um pode e deve se dizer isso, pois há coisas tão atrozes em nossas instituições e em nossos hábitos que nada nem ninguém pode legitimamente acreditar estar absolvido dessa cumplicidade difusa. Certamente cada um tornou-se culpado ao menos de indiferença criminosa.

Mais ainda, cada homem tem o direito de desejar tomar parte na própria cruz de Cristo. Temos direito ilimitado de pedir a Deus tudo o que é bom. Não é nesse tipo de demanda que convém sermos humildes ou moderados.

Não devemos desejar o infortúnio; isso é contra a natureza; é uma perversão; e, sobretudo, o infortúnio é por essência aquilo que suportamos apesar de nós mesmos. Se não estivermos mergulhados dentro do infortúnio, podemos apenas desejar que, caso ele nos atinja, constitua uma participação na cruz de Cristo.

Mas o que está de fato perpetuamente presente, o que consequentemente sempre temos permissão para amar, é a possibilidade do infortúnio. As três faces do nosso ser sempre estão ali expostas. Nossa carne é frágil; não importa qual pedaço de matéria em movimento possa atravessá-la, despedaçá-la, esmagá-la ou ainda distorcer para sempre uma das engrenagens internas. Nossa alma é vulnerável, sujeita a depressões sem motivo, lamentavelmente dependente de toda espécie de coisas e de seres que são, eles próprios, frágeis ou volúveis. Nossa pessoa social, de quem praticamente depende o sentimento da nossa existência, está constante e inteiramente exposta a todos os acasos. O próprio centro do nosso ser está ligado a essas três coisas por uma espécie de fibra que sente todos os ferimentos um pouco graves até chegarem a sangrar. Sobretudo, tudo aquilo que diminui ou destrói nosso prestígio social, nosso direito à consideração, parece alterar ou abolir nossa própria essência, enquanto tivermos a ilusão por substância.

Não pensamos nessa fragilidade quase infinita quando tudo vai mais ou menos bem. Mas nada nos força a não pensar. Podemos continuamente observá-la e continuamente agradecer a Deus por ela. Não apenas agradecer pela própria fragilidade, mas também por essa fraqueza mais íntima que transporta essa fragilidade ao próprio centro do ser. Pois é essa fraqueza que eventualmente torna possível a operação que poderia nos pregar no próprio centro da cruz.

Nós podemos pensar nessa fragilidade, com amor e reconhecimento, por ocasião de qualquer sofrimento, grande ou pequeno. Nós podemos pensar em momentos em que somos quase indiferentes. Podemos pensar por ocasião de todas as alegrias. Não deveríamos fazê-lo se esse pensamento fosse de natureza a perturbar ou a diminuir a alegria. Mas não é isso que ocorre. A alegria torna-se apenas mais doce, mais penetrante e mais pungente, assim como a fragilidade das flores das cerejeiras aumentam sua beleza.

Se alinharmos o pensamento dessa maneira, depois de um certo tempo a cruz de Cristo deverá tornar-se a própria substância da vida. Isso é sem dúvida o que Cristo quis dizer quando Ele aconselhou seus amigos a carregarem sua cruz a cada dia (à medida que as dificuldades aparecerem), e não, como parecemos acreditar hoje em dia, a simples resignação aos pequenos aborrecimentos do quotidiano, que por vezes chamamos de cruz, devido a um abuso de linguagem quase sacrílego. Há apenas uma cruz: a totalidade da necessidade que preenche a infinidade do tempo e do espaço e que pode, em determinadas circunstâncias, concentrar-se sobre o átomo que todos nós somos e pulverizá-lo totalmente. Carregar sua cruz é carregar o conhecimento de que somos inteiramente submissos a essa necessidade cega, em todas as partes do ser, com exceção de um ponto tão secreto da alma que a consciência não alcança. Não importa quão cruelmente um homem sofra, se uma parte do seu ser estiver intacta, e se ele não tiver plena consciência de que escapou por acaso e permanecer exposto a receber os golpes do acaso a qualquer momento, ele não estará participando em nada da cruz. Isso acontece sobretudo se a parte do ser que permaneceu intacta, ou foi mais ou menos poupada, for a parte social. A doença de nada vale se o espírito de pobreza, em sua perfeição, não se unir a ela. Um homem perfeitamente feliz pode ao mesmo tempo desfrutar plenamente da felicidade e carregar sua cruz se ele tiver realmente, concretamente e em todos os momentos, o conhecimento da possibilidade do infortúnio.

Mas não basta conhecer essa possibilidade, é preciso amá-la. É preciso amar ternamente a dureza dessa necessidade, que é como uma medalha de dupla face, sendo a face voltada para nós a dominante; a face voltada para Deus é a obediência. É preciso segurá-la em nossos braços, mesmo que ela nos apresente suas pontas e se, ao abraçá-la, suas pontas penetrarem em nossa carne. Quem quer que ame fica feliz de, na ausência do ser amado, abraçar, até fazer penetrar na carne, um objeto que pertence ao ser amado.

Nós sabemos que esse universo é um objeto que pertence a Deus. Devemos agradecer a Deus do fundo do coração por nos ter dado a necessidade como soberana absoluta, sua escrava insensata, cega e perfeitamente obediente. Ela nos conduz a golpes de chicote. Mas sendo submissos aqui embaixo à sua tirania, basta escolher Deus como nosso tesouro, basta colocar nosso coração em Deus; e a partir deste instante, veremos a outra face dessa tirania, a face que é pura obediência. Nós somos os escravos da necessidade, mas somos também os filhos do seu Mestre. Seja o que for que ela nos ordene, nós devemos amar o espetáculo da sua docilidade, nós que somos filhos da casa. Todas as vezes que ela não faz o que queremos, que ela nos força a suportar o que não queremos, o amor faz com que passemos através dela e vejamos a face da obediência que ela mostra a Deus. Felizes aqueles que têm com frequência essa preciosa oportunidade.

A dor física intensa e longa tem essa única vantagem: nossa sensibilidade é feita de maneira a não poder aceitá-la. Nós podemos nos habituar, nos comprazer, nos adaptar a qualquer coisa, exceto isso, e nós nos adaptamos para ter a ilusão de poder, para acreditar que comandamos. Nós brincamos de imaginar que escolhemos o que nos é imposto. Quando um ser humano é transformado aos seus próprios olhos em uma espécie de animal praticamente paralisado e completamente repugnante, ele não pode mais ter essa ilusão. Melhor ainda se essa transformação se realizar por vontade dos homens, por efeito de uma reprovação social, com a condição de que seja um ato de opressão anônima, e não uma perseguição honorável. A parte carnal da nossa alma só é sensível à necessidade como constrangimento, e só é sensível ao constrangimento como dor física. É a mesma verdade que penetra na sensibilidade carnal pela dor física, na inteligência pela demonstração matemática e na faculdade de amar pela beleza. Também Jó, quando teve o véu da carne despedaçado pelo infortúnio, viu a nu a beleza do mundo. A beleza do mundo aparece quando reconhecemos a necessidade como substância do universo e a obediência a um Amor perfeitamente sábio como substância da necessidade. Esse universo do qual somos um fragmento não tem outra razão de ser senão ser obediente.

A alegria sensível tem uma virtude análoga à da dor física quando ela é tão viva, tão pura, quando ela ultrapassa tanto a expectativa, que nós logo reconhecemos ser incapazes de buscar algo semelhante ou de garantir a sua posse. Tais alegrias têm sempre a beleza por essência. A alegria pura e a dor pura são dois aspectos da mesma verdade infinitamente preciosa. Felizmente, pois graças a isso temos o direito de desejar àqueles que amamos a alegria, ao invés da dor.

A Trindade e a Cruz são os dois polos do cristianismo, as duas verdades essenciais; uma é a alegria perfeita, a outra é o infortúnio perfeito. O conhecimento de um e outro e de sua misteriosa unidade é indispensável, mas aqui em baixo nós somos colocados, devido à condição humana, infinitamente longes da Trindade, aos próprios pés da Cruz. A Cruz é nossa pátria.

O conhecimento do infortúnio é a chave do cristianismo. Mas esse conhecimento é impossível. É impossível conhecer o infortúnio sem tê-lo atravessado. Pois o pensamento repudia tanto o infortúnio, que ele também é incapaz de se comportar voluntariamente e conceber que um animal, salvo exceção, seja incapaz de suicídio. Ele só o conhece por obrigação. É impossível acreditar, sem que a experiência nos obrigue a isso, que tudo aquilo que temos na alma, todos os pensamentos, todos os sentimentos, todas as atitudes para com as ideias, dos homens e do universo e sobretudo a atitude mais íntima do ser para com ele mesmo, tudo isso está inteiramente à mercê das circunstâncias. Mesmo que teoricamente reconheçamos essa verdade, o que já é muito raro, não acreditaremos nela de toda alma. Acreditar de toda a alma: Cristo chamava isso de negar a si mesmo, e não, como é normalmente traduzido, de renúncia ou abnegação, e essa é a condição para merecer ser seu discípulo. Mas quando estamos no infortúnio ou o atravessamos, não acreditamos mais nessa verdade; poderíamos quase dizer que acreditamos ainda menos. Pois o pensamento jamais pode ser constrangido; ele tem sempre a permissão de escapar pela mentira. O pensamento que surge em face do infortúnio pela contingência das circunstâncias resvala para a mentira com a prontidão do animal ameaçado de morte e diante do qual se abre um refúgio. Por vezes, em seu terror, ele afunda muito profundamente na mentira; também pode acontecer com frequência que aqueles que estão ou estavam no infortúnio tenham contraído a mentira como um vício, a ponto de, por vezes, ter perdido em todas as coisas o próprio sentido da verdade. É um engano culpá-los. A mentira está tão ligada ao infortúnio, que o Cristo venceu a morte pelo simples fato de que, sendo a Verdade, Ele continuou sendo a Verdade até o próprio âmago do infortúnio extremo. O pensamento é obrigado a fugir do aspecto do infortúnio por um instinto de conservação infinitamente mais essencial ao nosso ser do que aquele que nos afasta da morte carnal; é relativamente fácil expor-se a ela quando, por efeito das circunstâncias ou dos jogos de imaginação, ela não se apresenta sob aspecto de infortúnio. Só podemos olhar o infortúnio cara a cara e de perto, com uma atenção firme, se aceitarmos a morte da alma por amor à verdade. Platão fala sobre essa morte da alma quando diz que "filosofar é aprender a morrer"; isso era simbolizado nas iniciações dos mistérios antigos, representada pelo batismo. Para a alma, na verdade, não se trata de morrer, mas simplesmente de reconhecer a verdade de que ela é uma coisa morta, uma coisa análoga à matéria. Ela não deve virar água; ela é água; aquilo que acreditamos ser nosso eu é um produto tão fugidio e também automático diante das circunstâncias externas quanto a forma de uma onda do mar.

É preciso apenas saber isso, saber até o âmago de si mesmo. Mas apenas Deus tem esse conhecimento do homem e, aqui embaixo, apenas aqueles que foram engendrados do alto. Pois não podemos aceitar essa morte da alma se não tivermos, além da vida ilusória da alma, uma outra vida; se não tivermos nosso tesouro e nosso coração fora de nós mesmos; não apenas fora da nossa pessoa, mas fora de todos os pensamentos, fora de todos nossos sentimentos, além de tudo aquilo que é cognoscível, nas mãos do nosso Pai que está no segredo. Podemos dizer que aqueles que são dessa maneira foram engendrados a partir da água e do Espírito. Pois eles nada mais são do que uma dupla obediência; de um lado a obediência à necessidade mecânica onde eles são tomados pela evidência da sua condição terrestre, de outro lado, a inspiração divina. Não há nada mais neles que possamos chamar de vontade própria; sua pessoa, seu eu. Eles nada mais são além de uma certa intersecção entre a natureza e Deus. Essa intersecção é o nome com o qual Deus os nomeou por toda a eternidade, é a sua vocação. No antigo batizado por imersão, o homem desaparecia sob a água; ou seja, ele negava a si mesmo, confessava ser apenas um fragmento de matéria inerte da qual é feita a criação. Ele só reapareceria erguido por um movimento ascendente mais forte do que o pesar, imagem do amor divino no homem. O símbolo contido no batizado é o estado de perfeição. A promessa ligada ao batizado é a de desejar e pedir a Deus esse estado, perpetuamente, infatigavelmente, tanto tempo quanto for necessário, até o termos obtido, como uma criança faminta não se cansa de pedir pão a seu pai. Mas só poderemos saber o que envolve tal promessa quando estivermos em presença da face terrível do infortúnio. Apenas nesse lugar, face a face com o infortúnio, pode ser contratado o verdadeiro comprometimento, através de um contato mais secreto, mais misterioso, mais milagroso ainda do que o sacramento.

O conhecimento do infortúnio, sendo naturalmente impossível tanto àqueles que o conheceram quanto àqueles que não o conheceram, é igualmente possível a uns e outros via favor sobrenatural. Caso contrário, Cristo não teria poupado do infortúnio aquele que Ele amava acima de todos, após ter-lhe prometido que o faria beber do seu cálice. Em ambos os casos, o conhecimento do infortúnio é uma coisa bem mais milagrosa do que caminhar sobre as águas.

Aqueles que Cristo reconhece como tendo sido seus benfeitores são aqueles cuja compaixão repousava no conhecimento do infortúnio. Os outros dão de acordo com seus caprichos, de maneira irregular, ou pelo contrário, de maneira regular demais, por efeito ou por hábitos impressos pela educação ou pela conformidade às convenções sociais, ou por orgulho, ou por piedade carnal, ou pelo desejo de ter uma boa consciência; enfim, por um meio que diz respeito a eles mesmos. Eles são altivos ou assumem um ar protetor, ou expressam uma piedade indiscreta, ou deixam que o infeliz sinta que a seus olhos ele é apenas um exemplar de uma certa espécie de infortúnio. De toda maneira, seu dom é uma ferida. Eles têm seu salário aqui embaixo, pois sua mão esquerda não ignora o que a mão direita deu. Seu contato com os infelizes só pode acontecer na mentira, pois o verdadeiro conhecimento dos desafortunados implica o conhecimento do infortúnio. Aqueles que não olharam a face do infortúnio, ou não estão prontos a fazê-lo, só podem se aproximar dos infelizes protegidos pelo véu da mentira ou da ilusão. Se, por um acaso repentino, aparecesse no rosto de um infeliz a face do infortúnio, eles fugiriam.

O benfeitor de Cristo, na presença de um desafortunado, não sente nenhuma distância entre o outro e si próprio; ele transporta para o outro todo seu ser; por conseguinte, o movimento de levar algo para comer é tão instintivo, quase imediato, quanto aquele de comer quando temos fome. E ele logo cai no esquecimento, como caem no esquecimento as refeições dos dias passados. Tal homem não sonharia em dizer que ele cuida dos desafortunados para o Senhor; isso lhe pareceria tão absurdo quanto dizer que ele come para o Senhor. Comemos porque não podemos deixar de fazê-lo. Aqueles que o Cristo agradecerá dão da mesma maneira como eles comem.

Eles dão algo muito diferente de alimento, roupas ou cuidados. Ao transportar seu próprio ser àquele que eles estão socorrendo, eles lhe dão por um instante essa existência própria da qual o outro foi privado pelo infortúnio. O infortúnio é essencialmente a destruição da personalidade, passagem ao anonimato. Assim como Cristo esvaziou-se da sua divindade por amor, o infeliz está esvaziado da sua humanidade devido à sua má fortuna. Ele não tem outra existência senão a própria má fortuna. Aos olhos do outro e aos seus próprios olhos, ele é inteiramente definido pela sua relação com o infortúnio. Algo nele que gostaria de existir é continuamente rejeitado e jogado para o nada, é como se golpeássemos com pancadas contínuas a cabeça de um homem que está se afogando. Ele é, de acordo com cada caso, um pobre, um refugiado, um negro, um doente, um foragido da justiça, ou qualquer outra coisa do gênero. Os maus tratamentos e os benefícios dos quais ele é objeto são igualmente dirigidos ao infortúnio do qual ele é um exemplo dentre muitos outros. Assim, maus tratamentos e benefícios têm a mesma eficácia para manter sua força no anonimato e são duas formas de fazer a mesma ofensa.

Aquele que, vendo um infeliz, transporta para ele o seu ser, faz nascer no outro, por amor, ao menos durante um instante, uma existência independente do infortúnio. Pois, apesar de o infortúnio ser ocasião para essa operação sobrenatural, ele não é a sua causa. A causa é a identidade dos seres humanos através de todas as distâncias aparentes colocadas entre eles pelo acaso da fortuna.

Transportar seu ser a um desafortunado é assumir seu infortúnio durante um momento, é tornar-se voluntariamente aquilo cuja própria essência consiste em ser imposto por obrigação e contra a vontade. Essa é uma impossibilidade. Apenas Cristo o fez. Apenas Cristo pode fazê-lo e os homens em quem Cristo ocupa toda a alma. Esses, ao transportar seu próprio ser aos infelizes que eles socorrem, colocam nele não realmente seu próprio ser, pois eles não o possuem mais, mas o próprio Cristo.

A esmola praticada dessa maneira é um sacramento, uma operação sobrenatural através da qual um homem habitado por Cristo realmente coloca Cristo na alma de um infeliz. O pão assim dado, caso se trate de pão, equivale a uma hóstia. Não é um símbolo ou uma conjectura, mas uma tradução literal das próprias palavras de Cristo. Pois Ele disse: "É a mim que fizestes". Ele está, portanto, no infeliz faminto ou nu. Mas não por efeito da fome ou da nudez, pois o infortúnio por si mesmo não encerra nenhum dom vindo do alto. Isso só pode advir pela operação do dom. Que o Cristo esteja naquele que dá de maneira perfeitamente pura, é evidente; quem, portanto, poderia ser o benfeitor de Cristo senão ele mesmo? Aliás, é fácil compreender que apenas a presença de Cristo em uma alma pode ali colocar a verdadeira compaixão. Mas o Evangelho nos revela mais ainda: aquele que dá por verdadeira compaixão dá ao próprio Cristo. O infeliz que recebe esse dom milagroso tem a escolha de consentir ou não.

Um infeliz, caso o infortúnio seja completo, é privado de toda relação humana. Para ele só há dois tipos possíveis de relações com os seres humanos: aquelas nas quais ele só figura como uma coisa, que são relações tão mecânicas quanto à relação entre duas gotas d'água vizinhas, e o amor puramente sobrenatural. A região intermediária lhe é proibida. Só há lugar em sua vida para a água e o Espírito. O infortúnio consentido, aceitado, amado, é realmente um batismo.

Cristo, por ter sido o único capaz de compaixão durante sua estadia na terra, não a obteve. Estando em carne e osso aqui embaixo, Ele não habitava no interior da alma de nenhum daqueles que o cercavam; assim, ninguém podia ter piedade dele. A dor o obrigou a solicitar a compaixão, e seus amigos mais próximos a recusaram. Eles o deixaram sofrer sozinho. O próprio João dormiu. Pedro tinha sido capaz de caminhar sobre as águas, mas ele não foi capaz de ter piedade do seu mestre, que caíra no infortúnio. Eles se refugiaram no sono para não mais vê-lo. Quando a própria Misericórdia se torna infortúnio, onde ela poderia encontrar socorro? Seria necessário um outro Cristo para ter piedade do Cristo desafortunado. Ao longo dos séculos seguintes a compaixão pelo infortúnio de Cristo foi um dos sinais de santidade.

A operação sobrenatural da esmola, contrariamente à da comunhão, por exemplo, não exige um conhecimento completo. Pois aqueles que Cristo agradece respondem: "Senhor, quando então?..." Eles não sabiam quem tinham alimentado. Na verdade, nada indica, de maneira geral, que eles tenham tido algum conhecimento de Cristo. Eles puderam tê-lo ou não. O importante é que eles tenham sido justos. A partir de então, Cristo, que estava neles, deu a si mesmo sob forma de esmola. Felizes os mendicantes; já que, para eles, existe a possibilidade de receber, talvez uma vez ou duas em sua vida, uma tal esmola.

O infortúnio está realmente no centro do cristianismo. A realização do único e duplo mandamento "Ama a Deus", "Ama a teu próximo", passa pelo infortúnio. Pois quanto ao primeiro, Cristo disse: "Ninguém vai ao Pai sem passar por mim". Ele disse também; "Assim Como Moisés elevou a serpente no deserto, da mesma maneira é preciso que o Filho do Homem seja elevado, para que todo aquele que acredite nele possua a via eterna." A serpente mencionada é essa serpente de bronze; bastava olhar para ela para ser preservado dos efeitos do veneno. Portanto, só podemos amar a Deus olhando para a cruz. E quanto ao próximo, Cristo disse quem é o próximo, para quem o amor é orientado. É este corpo nu, sangrando e sem sentidos, que jaz sobre a estrada. Somos orientados a amar primeiro ao infortúnio, ao infortúnio do homem, ao infortúnio de Deus.

Frequentemente reprova-se no cristianismo uma complacência mórbida para com o sofrimento, a dor. É um erro. No cristianismo, não se trata de dor e de sofrimento, que são sensações, estados da alma, nos quais sempre é possível procurar uma volúpia perversa. Trata-se de coisa completamente diferente. Trata-se do infortúnio. O infortúnio não é um estado de alma. É uma pulverização da alma pela brutalidade mecânica das circunstâncias. A transmutação de um homem aos seus próprios olhos, do estado humano ao estado de um verme meio esmagado que se contorce no chão, é uma operação na qual sequer um pervertido pode se comprazer. Tampouco um sábio, um herói, um santo podem se comprazer diante dessa situação. O infortúnio é aquilo que se impõe a um homem apesar dele. Quando o infortúnio se apodera de alguém, ele tem por essência e por definição horror e revolta, que tomam conta de todo o seu ser, contra essa situação. É preciso consentir nisso pela virtude do amor sobrenatural.

Consentir com a existência do universo é a nossa função aqui embaixo. A Deus não basta achar que a sua criação é boa. Ele quer ainda que ela mesma se ache boa. Para isso servem as almas apegadas a minúsculos fragmentos deste mundo. Este é o destino do infortúnio: nos permitir pensar que a criação de Deus é boa. Pois enquanto as circunstâncias se passarem à nossa volta deixando nosso ser praticamente intacto, ou apenas pela metade, nós acreditaremos mais ou menos que a nossa vontade criou o mundo e o governa. O infortúnio nos ensina subitamente, para nossa grande surpresa, que ele não se importa. Se louvarmos, estaremos realmente louvando a criação de Deus. E onde está a dificuldade? Nós sabemos que nosso infortúnio em nada diminui a glória divina. Portanto, ele não nos impede de modo algum de abençoar Deus pela sua grande glória.

Assim, o infortúnio é o sinal mais seguro de que Deus quer ser amado por nós; é o testemunho mais precioso da sua ternura. É algo completamente diverso de um castigo paterno. Seria mais justo compará-lo às querelas ternas pelas quais os jovens noivos asseguram-se da profundidade do seu amor. Não temos a coragem de encarar o infortúnio de frente; caso contrário, depois de algum tempo, veríamos que é o rosto do amor; como Maria Madalena se deu conta de que aquele que ela acreditava ser um jardineiro era outra pessoa.

Os cristãos, ao verem o lugar central que o infortúnio ocupa em sua fé, deveriam pressentir que o infortúnio é, em um certo sentido, a própria essência da criação. Ser uma criatura não é necessariamente ser infeliz, mas é necessariamente estar exposto ao infortúnio. Apenas o incriado é indestrutível. Perguntamos por que Deus permite o infortúnio; poderíamos muito bem perguntar por que Deus o criou. É verdade que bem que poderíamos nos perguntar isso. Por que Deus o criou? Parece tão evidente que Deus é maior do que Deus e a criação juntos. Ao menos, isso parece evidente se pensarmos em Deus como um ser. Mas não devemos pensar nele dessa maneira. A partir do momento em que pensarmos em Deus como amor, sentiremos essa maravilha de amor que une o Filho e o Pai à fé na unidade eterna do Deus único e acima da separação do espaço, do tempo e da cruz.

Deus é amor e a natureza é necessidade; mas essa necessidade, por obediência, é um espelho do amor. Da mesma maneira, Deus é alegria e a criação é infortúnio, mas é um infortúnio resplandecente de luz da alegria. O infortúnio encerra a verdade da nossa condição. Apenas aqueles que preferirem perceber a verdade e morrer a viver uma existência longa e feliz na ilusão, verão a Deus. É preciso querer ir em direção à realidade; então, acreditando encontrar um cadáver, encontraremos um anjo que diz: "Ele ressuscitou".

A única fonte de claridade luminosa o suficiente para iluminar o infortúnio é a cruz de Cristo. Em qualquer época, em qualquer país, onde quer que haja infortúnio, a cruz de Cristo é a verdade. Todo ser humano que ama a verdade a ponto de não correr para as profundezas da mentira, para fugir do rosto do infortúnio, toma parte na cruz do Cristo, não importa qual seja a sua fé. Se Deus tivesse consentido em privar o Cristo, os homens de um determinado país e de uma determinada época, nós reconheceríamos isso por um sinal evidente: entre eles não haveria infortúnio. Nós não conhecemos nada parecido na história. Onde quer que haja infortúnio, há a cruz; oculta, mas presente a quem quer que escolha a verdade ao invés da mentira, e o amor ao invés do ódio. O infortúnio sem a cruz é o inferno, e Deus não colocou o inferno sobre a Terra.

Reciprocamente, os cristãos, tão numerosos que não têm a força de reconhecer e adorar em cada infortúnio a cruz bem-aventurada, não participam de Cristo. Nada mostra melhor a fraqueza da fé do que a facilidade com a qual, mesmo entre os cristãos, desde que se fale de infortúnio, passamos ao largo do problema. O que quer que possamos dizer sobre o pecado original, a vontade de Deus, a Providência e seus planos misteriosos, que pelo menos acreditamos poder tentar adivinhar, as compensações futuras de toda espécie neste mundo e no outro, tudo isso ou dissimula a realidade do infortúnio ou permanece sem eficácia. Uma única coisa permite que consintamos com o verdadeiro infortúnio: é a contemplação da cruz de Cristo. Não há nada mais. Isso basta.

Uma mãe, uma esposa, uma noiva que sabem que aquele que elas amam está na aflição e que não podem nem socorrer nem se unir a ele, gostariam ao menos de suportar sofrimentos equivalentes aos seus para se sentirem menos separadas dele, para serem aliviadas do fardo tão pesado da compaixão impotente. Quem quer que ame a Cristo e pense nele na cruz deve provar um alívio semelhante na expectativa do infortúnio.

Em razão do vínculo essencial entre a cruz e o infortúnio, um Estado só tem o direito de se separar de toda religião na absurda hipótese na qual ele tivesse conseguido suprimir o infortúnio. De maneira ainda mais premente, ele não tem o direito de se separar da religião quando ele próprio cria os desafortunados. A justiça penal separada de toda espécie de vínculo com Deus tem realmente cores infernais. Não devido aos erros de julgamento ou pelo excesso de severidade; mas, independente disso tudo, em si mesma. Ela se suja ao entrar em contato com todas as sujeiras, e nada havendo para purificá-las, ela própria se torna tão suja, que os piores criminosos podem ainda ser degradados por ela. Seu contato é hediondo para qualquer um que tenha em si algo de íntegro e são; aqueles que são podres encontram mesmo nas penas que ela inflige uma espécie de quietude ainda mais horrível. Nada, com exceção de Cristo, é puro o bastante para colocar pureza nos lugares reservados aos crimes e às penas; Ele que foi um condenado pelo direito comum.

Mas como apenas a cruz é necessária aos estados, e não as complicações do dogma, é desastroso que a cruz e o dogma estejam ligados por um vínculo tão sólido. Esse vínculo arrebatou Cristo dos seus irmãos, os criminosos.

A noção da necessidade como matéria comum da arte, da ciência e de toda espécie de trabalho é a porta por onde o cristianismo pode entrar na vida profana e penetrá-la de um lado ao outro. Pois a cruz é a própria necessidade que entrou em contato com o mais baixo e o mais elevado de nós mesmos, com a sensibilidade carnal pela evocação do sofrimento físico, com o amor sobrenatural pela presença de Deus. Consequentemente, toda variedade de contatos que as partes intermediárias do nosso ser podem ter com a necessidade aí estão implicadas.

Não há, e tampouco pode haver, em qualquer campo que seja, nenhuma atividade humana que não tenha como suprema e secreta verdade a cruz do Cristo. Nenhuma pode estar separada da cruz de Cristo sem apodrecer ou secar como um galho cortado. Vemos isso acontecer hoje em dia sob nossos olhos, sem compreender, e nós nos perguntamos onde está nosso mal. Os cristãos compreendem menos ainda que os outros, pois sabendo que essas atividades são historicamente muito anteriores a Cristo, eles não podem se dar conta de que a fé cristã é a sua seiva.

Se compreendêssemos que a fé cristã, sob véus que deixam passar a claridade, carrega flores e frutos em todos os tempos e em todos os lugares onde se encontram homens que não têm ódio à luz, essa dificuldade não nos deteria.

Desde a aurora dos tempos históricos, jamais, exceto durante um determinado período do Império Romano, Cristo só esteve ausente agora. Os antigos teriam julgado monstruosa essa separação da religião e da vida social, que até mesmo a maioria dos cristãos hoje em dia acha natural.

É preciso que o cristianismo faça correr sua seiva por todo lugar na vida social; mas de todo modo, ele é feito, antes de tudo, para estar sozinho. O Pai está no segredo, e não há segredo mais inviolável do que o infortúnio.

Há uma questão que não possui absolutamente nenhum significado e, evidentemente, nenhuma resposta, que normalmente jamais nos perguntamos, mas que no infortúnio a alma não pode deixar de gritar incessantemente com a monótona continuidade de um gemido. Essa questão é: Por quê? Por que as coisas são assim? O desafortunado faz essa pergunta ingenuamente aos homens, às coisas, a Deus, a qualquer coisa, mesmo que ele não acredite nelas. Por que é necessário que precisamente ele não tenha nada para comer ou que ele esteja exausto de cansaço e de tratamentos brutais, ou que ele deva em breve ser fuzilado, ou que ele esteja doente, na prisão? Se lhe explicarmos as causas da situação na qual ele se encontra, o que, aliás, é raramente possível devido à complicação dos mecanismos que intervêm, isso não será para ele uma resposta. Pois a sua questão – Por quê? – não significa: Por qual causa? mas: Com que objetivo? E é claro que não podemos lhe indicar os fins. A menos que fabriquemos causas fictícias, mas essa fabricação não é uma boa coisa.

O fato singular é que o infortúnio do outro, com exceção, às vezes, mas nem sempre, do infortúnio dos seres muito próximos, não provoca essa questão. No máximo, colocamos essa questão uma vez, distraidamente. Mas essa questão instala-se naquele que cai no infortúnio, e ele não para de gritar. Por quê. Por quê. Por quê. O próprio Cristo se colocou essa questão. "Por que me abandonastes?"

Apenas o infortúnio nos obriga a fazer essa pergunta e também a beleza, pois a beleza nos dá tão vivamente o sentimento da presença de um bem, que nós buscamos um fim sem jamais encontrá-lo. O belo também nos obriga a nos perguntarmos: Por quê? Por que isso é belo? Mas raros são aqueles capazes de pronunciar em si mesmos esse "Por quê?" durante várias horas em seguida. O porquê do infortúnio dura algumas horas, dias, anos; ele só cessa pelo esgotamento.

Aquele que é capaz não apenas de gritar, mas também de ouvir, escuta a resposta. Essa resposta é o silêncio. É esse silêncio eterno que Vigny repreendeu amargamente a

Deus; mas ele não tinha o direito de dizer qual é a resposta justa a esse silêncio, pois ele não era um justo. O justo ama. Aquele que é capaz não apenas de escutar, mas também de amar, escuta esse silêncio como palavra de Deus.

As criaturas falam através de sons. A palavra de Deus é silêncio. A palavra secreta do amor de Deus não pode ser outra coisa senão o silêncio. Cristo é o silêncio de Deus.

Não há árvore como a cruz, tampouco há harmonia como o silêncio de Deus. Os pitagóricos agarraram essa harmonia no silêncio sem fundo que envolve eternamente as estrelas. A necessidade aqui embaixo é a vibração do silêncio de Deus.

Nossa alma faz continuamente barulho, mas há um ponto nela que é silêncio e nós jamais ouvimos. Quando o silêncio de Deus entra na nossa alma, atravessa-a e vem unir-se a esse silêncio que está secretamente presente em nós, então dali em diante nós temos em Deus nosso tesouro e nosso coração; e o espaço se abre diante de nós como um fruto que se parte ao meio, pois nós passamos a ver o universo de um ponto situado fora do espaço.

Há apenas duas vias possíveis para essa operação que excluem qualquer outra. Há apenas dois pontos penetrantes o suficiente para entrar dessa maneira em nossa alma: o infortúnio e a beleza.

Seríamos frequentemente tentados a chorar lágrimas de sangue pensando quanto o infortúnio esmaga os desafortunados incapazes de fazer uso de sua situação. Mas, considerando as coisas friamente, não é um desperdício mais digno de pena do que o da beleza do mundo. Quantas vezes a claridade das estrelas, o ruído das ondas do mar, o silêncio da hora que precede a aurora vêm de maneira vã propor-se à atenção dos homens? Não dar atenção à beleza do mundo talvez seja um crime de ingratidão tão grande, que ele mereça o castigo do infortúnio. Certo, ele nem sempre recebe; mas nesse caso, ele é punido pelo castigo de uma vida medíocre, e em que uma vida medíocre é preferível ao infortúnio? Aliás, mesmo em caso de grande infortúnio, a vida de tais seres é provavelmente sempre medíocre. Enquanto pudermos fazer conjecturas sobre a sensibilidade, parece que o mal que está em um ser é uma proteção contra o mal que vem assaltá-lo de fora sob forma de dor. É preciso esperar que assim seja, e que Deus tenha misericordiosamente reduzido, para o mau ladrão, por pouco que seja, um sofrimento tão inútil. Assim é e está ali a grande tentação que encerra o infortúnio: o fato de o desafortunado ter sempre a possibilidade de sofrer menos consentindo em tornar-se mau.

Apenas aquele que conheceu a alegria pura, nem que tenha sido por um minuto, e consequentemente o sabor da beleza do mundo, pois é a mesma coisa, apenas para este, o infortúnio é algo despedaçador. Ao mesmo tempo, apenas este não mereceu esse castigo. Mas, para ele, isso tampouco é um castigo; é o próprio Deus quem lhe dá a mão e a aperta um pouco mais forte. Pois se ele permanecer fiel, no âmago de seus próprios gritos, ele encontrará a pérola do silêncio de Deus.

XI
Fragmento de uma carta a Maurice Schumann que acompanhava essa "Teoria dos Sacramentos"

Querido amigo,

Você encontrará aqui algumas reflexões sobre os sacramentos. Algumas palavras ditas por você a respeito da comunhão me fizeram pensar que elas poderiam ter algum interesse para você.

Não tenho nenhum direito, evidentemente, de ter uma Teoria dos Sacramentos.

Mas, por essa mesma razão, se houver uma que por erro venha a se colocar em mim, tenho a obrigação de deixá-la sair.

Cabe aos outros discernir o que isso vale e de onde vem.

XII
Teoria dos Sacramentos

A natureza humana é composta de tal maneira que um desejo da alma, enquanto não tiver passado pela carne por intermédio das ações, dos movimentos, das atitudes que lhe correspondem naturalmente, não tem realidade na alma. Ele existe apenas como um fantasma. Ele não age sobre a alma.

Sobre esse arranjo está fundada a possibilidade de haver um certo controle de si por meio da vontade, através do vínculo natural existente entre a vontade e os músculos.

Mas se o exercício da vontade pode, em medida aliás limitada, impedir a alma de cair no mal, ele não pode por si mesmo aumentar na alma a proporção do bem com relação ao mal.

Se não temos dinheiro suficiente em nossa carteira, é preciso ir buscar mais no banco. Não é na nossa casa que o encontraremos, já que ele está faltando.

O bem que não temos em nós, não podemos, não importa qual esforço da vontade façamos, consegui-lo. Só podemos recebê-lo.

Nós o recebemos infalivelmente, com uma única condição. A condição é o desejo. Mas não o desejo de um bem parcial.

Apenas o desejo dirigido diretamente sobre o bem puro, perfeito, total, absoluto, pode colocar na alma um pouco mais de bem do que havia antes. Quando uma alma se encontra nesse estado de desejo, seu progresso é proporcional à intensidade do desejo e ao tempo.

Mas apenas os desejos reais agem. O desejo do bem absoluto é eficaz enquanto, e apenas enquanto, ele for real.

Mas se os movimentos e as atitudes do corpo só podem ter objetos aqui embaixo, como poderia haver para esse desejo passagem a um estado de realidade através da carne?

Isso é impossível.

Ali onde é certo que uma coisa indispensável à salvação é impossível, é certo que existe realmente uma possibilidade sobrenatural.

Para tudo que diz respeito ao bem absoluto e ao contato com ele, a prova pela perfeição (por vezes falsamente chamada de prova ontológica) é não apenas válida, mas é a única que é válida. Isso resulta imediatamente da própria noção do bem. Ela é para o bem aquilo que a necessidade é para a demonstração geométrica.

Para que o desejo do bem absoluto passe pela carne, é preciso que um objeto aqui de baixo seja o bem absoluto para a carne, a título de sinal e por convenção.

Que ele seja o bem absoluto para a carne, não quer dizer que ele seja um bem da carne. Ele é para com a carne o bem absoluto do espírito.

Uma convenção relativa às coisas daqui de baixo pode ser concluída e ratificada entre homens, ou entre um homem e ele próprio.

Uma convenção relativa ao bem absoluto só pode ser ratificada por Deus.

(Essa ideia de ratificação divina é, no cânone da missa, aquilo que precede imediatamente a Consagração.)

Uma ratificação divina implica necessariamente uma revelação direta de Deus e talvez implique necessariamente até mesmo a Encarnação.

Só podem ser sinais de Deus as coisas que foram estabelecidas como tais por Deus.

Por uma convenção estabelecida por Deus entre Deus e os homens, um pedaço de pão significa a pessoa do Cristo. Consequentemente, pelo fato de uma convenção ratificada por Deus ser infinitamente mais real do que a matéria, sua realidade de pão, apesar de continuar sendo pão, torna-se simples aparência em relação à realidade infinitamente mais real que constitui seu significado.

Nas convenções estabelecidas entre os homens, o significado de uma coisa tem menos realidade do que a matéria que a compõe. Em uma convenção estabelecida por Deus é o oposto. Mas o significado divino apodera-se infinitamente mais, em grau de realidade, da matéria do que a matéria apodera-se do significado humano.

Se acreditarmos que o contato com o pedaço de pão é um contato com Deus, nesse caso, no contato com o pão, o desejo de contato com Deus, que era apenas uma veleidade, passa pela prova do real.

Por causa disso e porque, nesse campo, desejar é a única condição para receber, há entre a alma e Deus um contato real.

Nas coisas aqui embaixo, a crença produz ilusão. É apenas em relação às coisas divinas e no momento no qual uma alma tem seu desejo e sua atenção voltados para Deus, que a crença tem como virtude produzir o real, e isso acontece por efeito do desejo. A crença que produz a realidade tem por nome a fé.

A graça é ao mesmo tempo aquilo que nos é mais exterior e mais interior. O bem só nos vem de fora, mas só o bem que consentimos penetra em nós. O consentimento só é real no momento em que a carne o torna real através de um gesto.

Nós não podemos transformar a nós mesmos, nós só podemos ser transformados; mas só podemos sê-lo se quisermos. Um pedaço de matéria não tem a virtude de nos transformar. Mas se acreditarmos que ele o faz pelo querer de Deus e que por esse motivo nós o fazemos entrar em nós, nós realizamos realmente um ato de acolhida para com a transformação desejada e, assim, ela desce sobre a alma vinda do alto do céu. Dessa maneira, o pedaço de matéria tinha a virtude suposta.

O sacramento é um arranjo que corresponde de maneira irretocável, perfeita, ao duplo caráter da operação da graça, ao mesmo tempo sustentada e consentida, e à relação do pensamento humano com a carne.

Há uma dupla condição para essa virtude da crença no mecanismo sobrenatural do sacramento.

É preciso que o objeto do desejo não seja outra coisa senão o bem único, puro, perfeito, total, absoluto e inconcebível para nós. Muitas pessoas colocam a palavra "Deus" como rótulo sobre uma concepção que fabricou sua alma ou que forneceu o meio ambiente. Há muitas concepções desse tipo que se assemelham mais ou menos ao verdadeiro Deus, nas quais a alma pode acreditar sem ter de fato a atenção orientada para fora deste mundo. Nesse caso, o pensamento, apesar de na aparência estar ocupado por Deus, continua a habitar neste mundo, e a crença, segundo a lei deste mundo, é fabricante de ilusões, não de verdades.

Esse estado não é, no entanto, sem esperança, pois os nomes de Deus e de Cristo têm por si mesmos uma tal virtude, que eles podem com o tempo sair da alma e puxá-la para a verdade.

A segunda condição é que a crença em uma certa identidade entre o pedaço de pão e Deus tenha penetrado todo o ser a ponto de impregnar não a inteligência, que não quer tomar nenhuma parte nisso, mas todo o resto da alma, a imaginação, a sensibilidade, quase a própria carne.

Quando essas duas condições existem e a aproximação do contato com o pão está a ponto de submeter o desejo à prova do real, algo realmente acontece na alma.

Enquanto um desejo não tiver contato com o real, não se produzirá em torno dele um conflito na alma. Por exemplo, se um homem deseja sinceramente expor-se à morte como soldado pelo seu país e se ele está na impossibilidade de iniciar uma caminhada para chegar a esse ponto; se por exemplo, ele estiver meio paralisado, seu desejo não será combatido na alma pelo temor da morte.

Se um homem tem a escolha de ir para a batalha ou de subtrair-se dela, caso ele decida ir, se ele der passos nesse sentido, se ele obtiver êxito, se ele estiver sob fogo cruzado, se ele for enviado a uma missão extremamente perigosa, se ele for morto; é quase certo que em algum momento dessa caminhada rumo ao dever, o temor da morte se erguerá na alma e será combatido. O momento pode estar situado em qualquer ponto dessa caminhada segundo o temperamento e segundo a natureza da imaginação. Apenas quando esse momento se aproxima o desejo de expor-se à morte torna-se real.

O mesmo acontece com relação ao desejo de ter contato com Deus. Enquanto ele não for real, deixará a alma em repouso. Mas quando as condições de um verdadeiro sacramento existirem e o sacramento está prestes a acontecer, a alma se separa.

Uma parte da alma, que pode no momento ser imperceptível à consciência, aspira ao sacramento; ela é parte da verdade na alma; pois "aquele que faz a verdade vai à luz". Mas toda a parte medíocre da alma tem repugnância ao sacramento, o odeia e o teme muito mais do que a carne de um animal ao recuar para fugir da morte que vai apossar-se dele. Pois "quem quer que faça as coisas medíocres odeia a luz". Assim começa uma separação entre o joio e o trigo.

Cristo disse: "Eu não vim trazer a paz, mas a espada". E São Paulo: "A palavra de Deus está viva; ela age e é mais cortante do que qualquer espada de duplo gume, e penetra até alcançar a separação da alma e do espírito, da ossatura e da medula, e discrimina os sentimentos e os pensamentos do coração".

A comunhão é, então, uma passagem através do fogo, que queima e destrói uma parcela das impurezas da alma. A comunhão seguinte destrói mais uma parcela. A quantidade de mal contido em uma alma humana é finita; esse fogo divino é inesgotável. Assim, ao término desse mecanismo, apesar das piores falhas, a menos que não haja traição e recusa deliberada do bem ou que a morte não sobrevenha acidentalmente antes do fim, a passagem ao estado de perfeição é infalível.

Quanto mais é real o desejo de Deus, e por conseguinte o contato com Deus através do sacramento, mais é violenta a revolta da parte medíocre da alma; revolta comparável à retração de uma carne viva que estivéssemos a ponto de levar ao fogo. Há, segundo cada caso, principalmente cor de repulsa, ou de ódio ou de pudor.

Quando a alma está em um estado em que a proximidade do sacramento é mais dolorosa do que a caminhada rumo à morte, ela está muito próxima de um portal além do qual o martírio é fácil.

Em seu esforço desesperado para sobreviver e para escapar da destruição pelo fogo, a parte medíocre da alma, com uma atividade febril, inventa argumentos. Ela os pega emprestados de qualquer arsenal, inclusive da teologia e de todas as advertências sobre os perigos dos sacramentos indignos.

Com a condição de que esses pensamentos não sejam absolutamente escutados pela alma onde eles surgem, esse tumulto interno está infinitamente feliz. Quando mais violento for o movimento interior de recuo, de revolta e de temor, mais é certo que o sacramento vai destruir muito mal na alma e transportá-la muito mais para perto da perfeição.

"O grão de mostarda é o menor dos grãos." O átomo imperceptível do bem puro alojado na alma por um movimento de desejo real voltado para Deus é esse grão. Se ele não for arrancado por uma traição consentida, com o tempo ele sairá infalivelmente dos galhos nos quais os pássaros do céu virão pousar.

Cristo disse: "O Reino de Deus é como um homem que lança a semente à terra. Dorme, levanta-se, de noite e de dia, e a semente brota e cresce, sem ele o perceber. Pois a terra por si mesma produz primeiro a planta, depois a espiga e, por último, o grão abundante na espiga. Quando o fruto amadurece, ele mete-lhe a foice, porque é chegada a colheita" (Mc 4,26)

Quando a alma atravessou ao menos uma vez um portal graças a um contato real com o bem puro – cujo tumulto interior diante do sacramento talvez seja um sinal evidente –, nada mais é pedido a ela senão a expectativa imóvel.

Expectativa imóvel não quer dizer ausência de atividade exterior. A atividade exterior, enquanto for rigorosamente imposta pelas obrigações humanas ou por mandamentos particulares de Deus, é uma parte dessa imobilidade da alma; permanecer abaixo ou ir além dessa imobilidade perturba igualmente a atitude da expectativa imóvel.

Uma atividade exatamente igual àquilo que é comandado é condição para a expectativa da alma, assim como, para uma criança que estuda, a imobilidade do corpo é uma condição para a atenção.

Mas, como a imobilidade física é diferente da atenção e em si é sem eficácia, da mesma maneira são os atos prescritos para a alma que chegou a esse estado.

Assim como o homem verdadeiramente atento não precisa se constranger à imobilidade para provocar em si a atenção, mas pelo contrário, desde que o seu pensamento se aplique a um problema, ele suspende natural e automaticamente os movimentos que o incomodam, da mesma maneira os atos prescritos decorrem automaticamente de uma alma em estado de expectativa imóvel.

Enquanto a perfeição estiver longe, eles estarão frequentemente misturados de dor, aflição, cansaço, de uma aparência de luta interior, de derrotas frequentemente graves; mas, no entanto, enquanto não tiver havido na alma uma traição consentida, há na sua realização algo de irresistível.

O homem não pode dispensar os atos prescritos, mas não é por essa razão que ele é suscetível de ser amado por Deus. "Qual de vós, tendo um servo ocupado em lavrar ou em guardar o gado, quando voltar do campo lhe dirá: Vem depressa sentar-te à mesa? E não lhe dirá ao contrário: Prepara-me a ceia, cinge-te e serve-me, enquanto como e bebo, e depois disso comerás e beberás tu? E se o servo tiver feito tudo e que lhe ordenara, porventura fica-lhe o senhor devendo alguma obrigação? Assim também vós, depois de terdes feito tudo o que vos foi ordenado, dizei: Somos servos como quaisquer outros; fizemos o que devíamos fazer" (Lc 17,7).

O escravo ou servo que recebe amor, gratidão e está a serviço do seu mestre não é aquele que labuta e faz a colheita. É um outro. Não que ele tenha que escolher entre duas maneiras de servir a Deus. Esses dois escravos representam a mesma alma sob duas relações diferentes, ou ainda duas partes inseparáveis da mesma alma. O escravo que será amado é aquele que se mantém de pé e imóvel perto da porta, em estado de vigília, de expectativa, de atenção, de desejo, para abrir assim que ele ouvir alguém batendo à porta.

Nem o cansaço, nem a fome, nem as solicitações, os convites amigáveis, as injúrias, os golpes ou as zangas dos seus camaradas, nem os rumores que podem circular à sua volta, segundo os quais seu mestre estaria morto ou ainda irritado com ele, fazem com que ele se resolva a fazer-lhe mal; nada perturbará, por pouco que seja, sua imobilidade atenta.

"Vós, sejais semelhantes aos homens que aguardam seu mestre que volta das núpcias para que, assim que ele tiver chegado e batido à porta, eles possam tão logo abri-la a ele. Felizes esses escravos, que à sua chegada o mestre encontrar despertos. Em verdade, eu vos digo, ele os cingirá e os fará sentar diante da sua mesa e passará diante deles para servi-los."

O estado de expectativa assim recompensado é o que chamamos pelo nome ordinário de "paciência". Mas a palavra grega ὑπομονή é infinitamente mais bela e carregada de um significado diferente. Ela designa um homem que aguarda sem se mexer, apesar de todos os golpes com os quais tentam fazer com que ele se mova.

χαρποφοροῦσιν ἐν ὑπομονῇ – "Eles darão seus frutos na espera."

XIII
Último texto

Creio em Deus, na Trindade, na Encarnação, na Redenção, na Eucaristia, nos ensinamentos do Evangelho.

Creio, ou seja, não devo a mim o que a Igreja diz sobre esses pontos, para afirmá-los, como afirmamos fatos da experiência ou teoremas de geometria; mas eu aquiesço por amor à verdade perfeita, incompreensível, encerrada no interior desses mistérios e tento abrir-lhe a minha alma para deixar a luz penetrar em mim.

Não reconheço à Igreja nenhum direito de limitar as operações da inteligência ou as luminosidades do amor no campo do pensamento.

Reconheço-lhe a missão, como depositária dos sacramentos e guardiã dos textos sagrados, de formular decisões sobre alguns pontos essenciais, mas apenas a título indicativo para os fiéis.

Eu não lhe reconheço o direito de impor os comentários com os quais ela envolve os mistérios da fé como sendo a verdade; muito menos ainda o direito de usar a ameaça e o temor exercendo, para impô-los, seu poder de privar dos sacramentos.

Para mim, no esforço de reflexão, um desacordo aparente ou real com o ensinamento da Igreja é apenas um motivo para suspender durante longo tempo o pensamento, empurrar para tão longe quanto possível o exame, a atenção e o escrúpulo, antes de nada ousar afirmar. Mas isso é tudo.

Com relação a isso, eu medito todos os problemas relativos ao estudo comparado das religiões, sua história, a verdade contida em cada uma, as relações da religião com as formas profanas da busca pela verdade e com o conjunto da vida profana, o significado misterioso dos textos e das tradições do cristianismo; tudo isso sem nenhuma preocupação para que haja um acordo ou um desacordo possível com o ensinamento dogmático da Igreja.

Sabendo que sou falível, sabendo que todo o mal que tenho a covardia de deixar subsistir em minha alma deve ali produzir uma quantidade proporcional de mentira e erro, eu duvido em um certo sentido das próprias coisas que me aparecem mais manifestamente certas.

Mas essa dúvida assalta todos meus pensamentos em um grau igual, tanto aqueles que estão em acordo quanto aqueles que estão em desacordo com o ensinamento da Igreja.

Eu espero e conto firmemente permanecer nesta atitude até a morte.

Tenho certeza de que esta linguagem não encerra nenhum pecado. Se eu pensasse de maneira diferente estaria cometendo um crime contra a minha vocação, que exige uma probidade intelectual absoluta. Eu não posso discernir nenhuma variável humana ou demoníaca passível de ser a causa de tal atitude. Ela só pode produzir aflições, desconforto moral e isolamento.

Sobretudo o orgulho não pode ser a sua causa, pois não há nada que possa agradar o orgulho em uma situação na qual somos aos olhos dos incréus um caso patológico, pois adotamos esses dogmas absurdos sem ter a desculpa de suportar uma influência social e onde inspiramos aos católicos a protetora bem-aventurança, um pouco desdenhosa, daquele que chegou para aquele que está a caminho.

Não vejo, portanto, nenhuma razão para rejeitar o sentimento que está em mim; que eu permaneça nessa atitude por obediência a Deus; se eu a modificasse, eu ofenderia Deus, eu ofenderia Cristo, que disse: "Eu sou a Verdade".

Por outro lado, eu provo, há muito tempo, um desejo intenso e perpetuamente crescente de comunhão.

Se olharmos os sacramentos como um bem, se eu mesma os vejo assim, se eu os desejo e se eles me forem recusados sem que, pelo meu lado, eu tenha cometido alguma falta, é possível que haja aí uma cruel injustiça.

Se me for concedido o batismo, encontrando-me na atitude onde persevero, nesse caso romperemos com uma rotina que dura pelo menos dezessete séculos.

Se essa ruptura é justa e desejável, se precisamente hoje ela é para a salvação do cristianismo uma urgência mais do que vital – o que é evidente aos meus olhos –, seria necessário, então, para a Igreja e para o mundo, que ela seja operada de maneira resplandecente, e não por iniciativa isolada de um padre que realiza um batizado obscuro e ignaro.

Por esse motivo e por vários outros de semelhante tipo, até agora eu não fiz a nenhum padre o pedido formal de ser batizada.

Tampouco o farei agora.

Contudo, sinto a necessidade, não abstrata, mas prática, real, urgente, de saber se, caso eu pedisse, ele me seria dado ou recusado.

[A Igreja teria um meio fácil de procurar para si o que seria para ela mesma e para a humanidade a salvação.

Ela reconhece que as definições dos concílios só têm sua importância relativamente ao ambiente histórico.

É impossível para o não especialista conhecer esse ambiente e frequentemente até mesmo para o especialista devido à falta de documentos.

A partir de então, os *anathema sit* fazem parte apenas da história. Eles não possuem nenhum valor atual.

Nós os consideramos dessa maneira, pois não impomos jamais como condição para um batizado adulto ter lido o *Manual das decisões e símbolos dos concílios*. Um catecismo não é o equivalente, pois ele não contém tudo que é tecnicamente "de estrita fé", e ele contém coisas que não o são.

Aliás, é impossível descobrir, interrogando os padres, o que é e o que não é "de estrita fé".

Bastaria, portanto, dizer o que já é mais ou menos praticado, proclamando oficialmente que aderir de coração aos mistérios da Trindade, da Encarnação, da Redenção, da Eucaristia e ao caráter revelado do Novo Testamento é a única condição para ter acesso aos sacramentos.

Nesse caso, a fé cristã poderia, sem correr o perigo de ser tirania exercida pela Igreja sobre os espíritos, ser colocada no centro de toda a vida profana e de cada uma das atividades que a compõem e tudo impregnar, absolutamente tudo, com sua luz. Via única de salvação para os homens miseráveis de hoje.]

Série **Clássicos da Espiritualidade**

- *A nuvem do não saber*
  Anônimo do século XIV
- *Tratado da oração e da meditação*
  São Pedro de Alcântara
- *Da oração*
  João Cassiano
- *Noite escura*
  São João da Cruz
- *Relatos de um peregrino russo*
  Anônimo do século XIX
- *O espelho das almas simples e aniquiladas e que permanecem somente na vontade e no desejo do Amor*
  Marguerite Porete
- *Imitação de Cristo*
  Tomás de Kempis
- *De diligendo Deo – "Deus há de ser amado"*
  São Bernardo de Claraval
- *O meio divino – Ensaio de vida interior*
  Pierre Teilhard de Chardin
- *Itinerário da mente para Deus*
  São Boaventura
- *Teu coração deseja mais – Reflexões e orações*
  Edith Stein
- *Cântico dos Cânticos*
  Frei Luís de León
- *Livro da Vida*
  Santa Teresa de Jesus
- *Castelo interior ou Moradas*
  Santa Teresa de Jesus
- *Caminho de perfeição*
  Santa Teresa de Jesus
- *Conselhos espirituais*
  Mestre Eckhart
- *O livro da divina consolação*
  Mestre Eckhart
- *A nobreza da alma humana e outros textos*
  Mestre Eckhart
- *Carta a um religioso*
  Simone Weil
- *De mãos vazias – A espiritualidade de Santa Teresinha do Menino Jesus*
  Conrado de Meester
- *Revelações do amor divino*
  Juliana de Norwich
- *A Igreja e o mundo sem Deus*
  Thomas Merton
- *Filoteia*
  São Francisco de Sales
- *A harpa de São Francisco*
  Felix Timmermann
- *Tratado do amor de Deus*
  São Francisco de Sales
- *Espera de Deus*
  Simone Weil
- *Contemplação num mundo de ação*
  Thomas Merton
- *Pensamentos desordenados sobre o amor de Deus*
  Simone Weil
- *Aos meus irmãozinhos*
  Charles de Foucauld
- *Revelações ou a luz fluente da divindade*
  Matilde de Magdeburg
- *A sós com Deus*
  Charles de Foucauld
- *Pequena filocalia*
  Jean-Yves Leloup
- *Direção espiritual e meditação*
  Thomas Merton
- *As sete palavras do Cristo na cruz*
  São Roberto Belarmino
- *Tende o Senhor no coração*
  Mestre de São Bartolo
- *O Pão Vivo*
  Thomas Merton
- *O enraizamento*
  Simone Weil
- *Na liberdade da solidão*
  Thomas Merton
- *O sermão do Senhor na montanha*
  Santo Agostinho

Conecte-se conosco:

f facebook.com/editoravozes

@editoravozes

@editora_vozes

youtube.com/editoravozes

+55 24 2233-9033

www.vozes.com.br

Conheça nossas lojas:

www.livrariavozes.com.br

Belo Horizonte – Brasília – Campinas – Cuiabá – Curitiba
Fortaleza – Juiz de Fora – Petrópolis – Recife – São Paulo

EDITORA VOZES LTDA.
Rua Frei Luís, 100 – Centro – Cep 25689-900 – Petrópolis, RJ
Tel.: (24) 2233-9000 – E-mail: vendas@vozes.com.br